AF261750

(BORDEAUX)

Audiences des 20, 21 et 22 Mars 1871.

AFFAIRE

REY DE BELLONNET

Commandant en chef

Des Francs-Tireurs de l'Hérault

BORDEAUX

Imprimerie bordelaise, A. PÉREY, rue Porte-Dijeaux, 43

1871

J'ai été victime de la plus odieuse et la plus injuste des accusations.

La seule réhabilitation que je puisse espérer, est de faire connaître à mes amis tous les détails de ce lugubre procès.

Dieu m'a donné des juges, qui, après avoir examiné cette affaire avec toute l'attention qu'elle comportait, ont proclamé à l'unanimité mon innocence.

Cet opuscule est ma réponse aux infâmes calomniateurs qui m'ont fait tant et tant de mal!!

A cet incident si terrible de ma vie, viendront cependant se rattacher des souvenirs d'éternelle reconnaissance pour mon avocat, M⁰ Lulé-Déjardin, qui m'a défendu avec une merveilleuse éloquence et avec le cœur d'un ami!! En parlant ainsi, je ne suis que l'écho très affaibli de cette foule enthousiaste qui a salué si souvent sa plaidoirie par des applaudissements qu'il méritait si bien.

Déodat REY de BELLONNET.

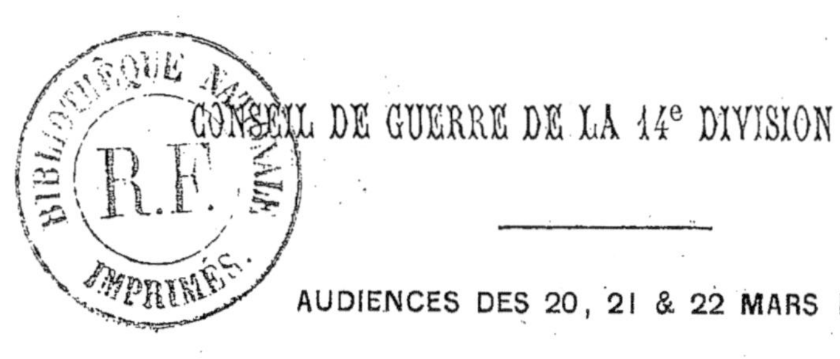

CONSEIL DE GUERRE DE LA 14ᵉ DIVISION MILITAIRE

AUDIENCES DES 20, 21 & 22 MARS 1871

AFFAIRE REY DE BELLONNET

Présidence de M. le colonel de LA GUISERAIE

A une heure précise le Conseil entre en séance, au devant du Conseil sont déposées de très-nombreuses pièces à conviction.

M. le commandant Apté, commissaire du gouvernement, occupe le siége du ministère public.

Mᵉ Lulé Dejardin doit plaider pour M. Rey de Bellonnet; M. Rey de Bellonnet père est placé derrière le défenseur de son fils.

Mᵉ Verdalle est l'avocat de Maurice Roux.

On remarque des dames dans l'enceinte réservée.

Les deux accusés sont introduits. Ils portent l'un et l'autre le costume bourgeois.

M. le colonel, après avoir constaté l'ident'té des deux prévenus, donne lecture des faits qui leur sont reprochés et qui se résument ainsi.

Pour Rey de Bellonnet :

1° Port illégal d'un costume ;

2° Vol et pillage du château de La Hallière ;

3° Recel des objets volés par Maurice Roux ;

4° Abandon de son poste.

Pour Maurice Roux :

1° Vol de chevaux, voitures, effets d'équipement, etc.

2° Abandon de son poste.

Crimes prévus par les art. 250, 213, 256, 366 de Code de justice militaire.

M. le Président procède à l'interrogatoire de Rey de Bellonnet et de Roux, qui ne durent pas moins de quatre heures. Un premier incident se produit, au moment ou Rey de Bellonnet, avec une grande énergie, déclare que s'il a pris le costume de chef de bataillon, c'est qu'il en avait le droit, et à ce sujet Me Lulé Dejardin donne lecture de la feuille de route délivrée à Montpellier pour les francs-tireurs de l'Hérault, et sur laquelle on lit, quant à l'effectif « *Un officier supérieur, tant d'officiers, etc.*

M. LE COMMANDANT APTÉ. — Tout doit être loyal, j'ai communiqué mon dossier, je ne saurai admettre une pièce qui sort d'une boîte à surprises.

Me LULÉ DEJARDIN (avec vivacité). — Si nous commençons sur ce ton, je ne sais comment cela finira.

M. APTÉ. — Pourquoi ne m'avez-vous pas communiqué cette pièce ?

Me LULÉ DEJARDIN. — Parce que je n'avais pas à le faire, puisque c'était un document militaire, que vous avez fait une instruction formidable dans toute la France, que vous avez fouillé partout, il me semble qu'il eut été bien naturel de savoir quel était le grade donné à mon client au moment ou il quittait Montpellier. Seulement, sachez que j'ai un dossier et non une boîte à surprises... (Mouvement dans l'auditoire.)

Après cet incident M. le Président procède à l'interrogation de Rey de Bellonnet.

D. Par un procès-verbal de la gendarmerie, à la date du 18 janvier dernier, vous avez été arrêté par les gendarmes Combes et Déprats, en sortant du cabinet de M. Bastard, employé auprès du général Hacca, comme accusé de détournement de fonds qui vous auraient été confiés; qu'avez-vous à répondre à cette accusation ?

R. J'étais allé chez le général Hacca, au ministère de la guerre, pour lui apporter une lettre de M. Cavalié, secrétaire du ministre de la guerre et de l'intérieur, qui me recommandait à lui, afin de faire régulariser ma position qui n'était ni civile ni militaire. Après quelques paroles échangées avec M. de Bastard, je compris que j'allais probablement être mis en état d'arrestation pour des faits qui se seraient passés au château de La Hallière, en novembre dernier ; je dis au commandant de Bastard, que déjà une commission de cour d'enquête, présidée par le général Gougeard, assisté des deux colonels Trébout et Noirtier et de deux chefs d'escadron, m'avaient renvoyé, à l'unanimité, de cette plainte ; que, de plus, arrêté le 10 janvier au matin, au Mans, par la justice civile cette fois, pour le même objet, j'avais subi aussi un interrogatoire, que mon innocence avait été aussi reconnue et que, le 12, le Procureur de la République, lui-même, était venu pour me faire élargir à la prison. Il lui montrait, en même temps, *une lettre du Préfet de la Gironde*, QUE VOICI; qui lui faisait voir que je n'étais pas le premier venu, et qu'il y avait ou mauvaise intention à mon égard, ou méprise. Sur cette lettre, que je lui fis voir, le commandant de Bastard m'engagea à aller trouver le général Foltz qui, seul, pouvait arranger l'affaire. Je sortis de son cabinet, m'adressai à deux gendarmes pour leur demander l'adresse du général Foltz et ces deux mêmes gendarmes m'appréhendaient au collet et on leur dit de me mener à la prison militaire et de se méfier de moi. Conduit à la prison militaire, n'ayant aucun ordre d'écrou, je dus rester au greffe en attendant que l'un d'eux fût en prendre un, qu'il apporta environ trois quart d'heures après, cet ordre portait : Arrestation du soi-disant commandant Rey de Bellonnet, pour crime et délit, mais qui ne stipulait, en aucune façon, de détournement de fonds, attendu que je donnais même à nos hommes la plus grande partie de ma solde, et pour cela, on n'a qu'à consulter tous les hommes de mon bataillon, et je demande d'une manière expresse que l'on fournisse la preuve de détournement de fonds.

D. De quelle manière le maniement des fonds des francs-tireurs, réunis sous votre commandement, avait-il lieu ; aviez-vous une caisse particulière dans laquelle ils étaient enfermés, et remettiez-vous, au fur et à mesure, à l'officier-payeur les sommes nécessaires pour payer les officiers et francs-tireurs de tous grades dont vous aviez le commandement ?

R. Pour toutes les compagnies de francs-tireurs qui m'ont été adjointes et mises sous mon commandement, à l'exception de celles de Cognac et de Condé, qui firent partie intrinsèque dés compagnies de l'Hérault ; les autres compagnies, telles que : les Manceau, les Desbroles-Dévaux, la Ferté-Bernard, Domfront, France, Américains, Amis-de-Paris (Haute-Vienne), Rio-Janeiro, Oran, conservèrent leurs officiers-payeurs et leur mode de paiement, je ne me mêlai jamais de leur solde. Quant à ce qui est de l'Hérault, composé de l'Hérault, Cognac et Condé, le lieutenant-trésorier Goudion avait l'effectif dressé qu'il prenait auprès de chaque chef de compagnie, dressait l'état de solde, et allait à l'Intendance toucher lui-même tous les cinq jours, distribuait aux capitaines, à leur défaut, aux lieutenants, à défaut de ceux-ci, aux sergents, et quelquefois même aux caporaux, le prêt des hommes ; il remettait à chaque officier son traitement particulier. Quant à moi, je n'avais jamais en ma possession la caisse, qui restait toujours confiée à M. Goudion, et jamais aucun fonds, que je sache, n'a été détourné en aucune façon.

D. A quelle époque les francs-tireurs de l'Hérault, de Cognac et de Condé, que vous aviez à payer, se sont-ils séparés ?

R. Quand le 14 janvier je les ai vu à Laval, ils étaient encore ensemble ; j'appris par les francs-tireurs, eux-mêmes, qu'ils avaient été payés jusqu'au 15 janvier, par M. Goudion, et comme cet officier a dû retourner à Montpellier, étant malade, le 11 janvier, il avait payé le prêt, du 11 au 15, d'avance, comme cela se pratique en campagne, il ne restait plus rien en caisse. En ce qui concerne les officiers, comme on ne les paye qu'à terme échus, c'est-à-dire à la fin du mois, on n'avait pas encore perçu leur traitement ; aussi, et je le déclare de nouveau, cette accusation est aussi injuste qu'absurde. Et, dans l'état précaire où était le bataillon, je remis de mon argent propre, 180 francs au lieutenant Arbousi, et 20 francs à l'adjudant Cambon, pour être distribués aux francs-tireurs de l'Hérault.

D. Dans les pièces de la procédure contre vous, nous avons deux lettres d'un sieur Alphonse Cachin, par lesquelles il dénonce des faits regrettables de déprédation, commis par des francs-tireurs de l'Hérault, et même des vols commis par vous au château de La Hallière ; donnez-nous toutes les explications nécessaires sur les faits que nous allons vous exposer ?

R. Oui, j'y répondrai avec la plus grande franchise, et j'y ai déjà répondu deux fois, la première à Périgny-l'Evêque, devant le général Gougeard et les membres du Conseil d'enquête dont j'ai déjà parlé, je leur ai même fait une déclaration écrite par mon secrétaire ; la seconde au Mans, le 10 ou le 11 janvier, devant M. le juge d'instruction, assisté de son greffier, et je demande, avec instance, pour que la lumière se fasse complètement, que ces deux pièces soient remises au Conseil de guerre.

D. Dans la lettre du 12, le sieur Cachin écrit à son maître, M. du Tillet, qu'il est arrivé au château 182 francs-tireurs de l'Hérault, plus exigeants que d'ordinaire, et qu'il y avait deux officiers, un capitaine et un lieutenant qui l'avaient menacé de le rosser, parce que ce régisseur leur avait réclamé ce qu'ils avaient pris, et ce qu'ils ne rendront jamais ; ils volaient le château, dit Alphonse Cachin, avec les clefs des plus petits meubles et, ajoute-t-il, ils m'ont contraint à rentrer dans ma chambre et m'ont mis un factionnaire à ma porte, attendu que je n'étais plus rien dans le château !

R. Pour moi, une pareille énonciation de faits n'est que le résultat de la démence et de la folie, ou dictée par la méchanceté ; on n'a jamais demandé au sieur Alphonse Cachin les clefs des plus petits meubles, ni même des chambres, on n'en savait que faire : on a demandé les clefs des quatre ou cinq portes donnant du parc dans la campagne, et voici pourquoi : Le parc n'est autre chose qu'un bois, sans culture aucune, entouré d'une épaisse muraille, et autour duquel étaient placés des factionnaires qui avaient ordre, en cas d'alerte, de rentrer par ces portes, afin que la résistance pût être efficace, et organisée, et que, le cas échéant, l'on eût une ligne de retraite assurée. Aucun factionnaire n'a été mis à la porte du sieur Alphonse Cachin, le corps de garde se trouvait à l'entrée de la cour de la ferme et non de la grande cour du château, car j'avais tenu, avant tout, à sauvegarder la cour d'honneur des pas même des francs-tireurs. J'avais placé une sentinelle à l'entrée du château et de la cour d'honneur, afin d'empêcher l'accès des soldats, telle était la consigne. Jamais aucun officier n'a menacé, comme il le dit, le sieur Alphonse Cachin.

D. Est-il à votre connaissance qu'à dix heures du soir, le 19 novembre, le sieur Cachin ait été mené à Digny comme un prisonnier, afin de vous trouver des bougies et des chandelles et que, après plusieurs recherches faites dans cette localité, on en a trouvé chez Dufour où l'on a fait un paquet de chandelles ?

R. Arrivé, le 11, au château de La Hallière, le capitaine Munier, qui était de service, dut s'enquérir auprès du sieur Alphonse Cachin des moyens d'avoir de la lumière, soit pour les hommes, soit pour le corps de garde, soit pour les officiers (les hommes couchant dans les granges et dans les écuries), le sieur Alphonse Cachin lui répondit qu'il n'y avait aucune chandelle et qu'il n'y en avait point au château ; le capitaine Munier lui témoigna son étonnement et lui dit que les hommes ne pouvaient cependant pas se passer de lumière, qu'il faudrait donc aller en chercher à Digny, village voisin, et qu'il voulut bien indiquer l'endroit où l'on pourrait en prendre, bien entendu, en payant. Le sieur Alphonse Cachin n'était guère disposé, ni à envoyer, ni à aller à Digny. Alors, après un pourparler, le lieutenant Lanquine proposa au sieur Alphonse d'aller à Digny chercher lesdites chandelles, lui disant qu'il n'avait rien à craindre puisqu'il était avec lui. Il était cinq heures du soir, tout au plus. Le sieur Alphonse fit atteler sa voiture, et se dirigea sur Digny pour aller chercher les chandelles avec le lieutenant. A peine étaient-ils partis, qu'un habitant du château en entendant parler de chandelles se mit à dire : Mais il n'était pas besoin d'en aller chercher, M. Alphonse en a fait apporter ce matin dix livres et je vais vous les donner. Alors le capitaine Munier en prit une livre seulement, le paysan ajouta : C'est bien étonnant que M. Alphonse Cachin n'ait pas voulu vous les donner. A huit heures, au plus tard, M. Alphonse Cachin était de retour, avec le lieutenant Lanquine, apportant les chandelles de Digny, on lui rendit sa livre, les chandelles achetées à Digny ont été payées par les francs-tireurs ; et tout fût fini là.

D. Qu'est-ce qu'une nommée Victorine ?

R. Je ne connais pas de Victorine, mais je connais une nommée Florence qu'on m'a nommée comme étant une fille de service du château.

D. Quelle pièce occupiez-vous au château, et de quels meubles était-elle composée ?

R. Au rez-de-chaussée, j'occupais afin d'être complétement libre et de n'être tourmenté par personne, la chambre qui est au pavillon de gauche, et qui donne sur le derrière du château, c'est là que j'écrivais mes rapports et d'où partaient tous les ordres que j'avais à donner. Au rez-de-chaussée encore, du côté tout à fait opposé, se trouvait le cabinet que j'ai toujours pensé être le cabinet de travail de M. Till t,[1] et que j'avais occupé la première fois que j'étais venu au château de La Hallière. Je me rendais dans ce cabinet pour conférer avec les officiers du corps, attendu que le sieur Alphonse Cachin y avait établi un lit en fer pour le lieutenant-trésorier Goudion, et sur le canapé, fait mettre un matelas pour le capitaine adjudant-major Bonnet. Dans la chambre que j'occupais, il y avait un lit, une commode et un petit secrétaire-bahut.

D. Ce secrétaire-bahut ne serait-il pas un secrétaire à cylindre?

R. Non, c'était bien un secrétaire-bahut, mais le secrétaire à cylindre se trouvait dans la chambre où couchaient Godiou et Bonnet.

D. N'avez-vous pas entendu dire par un capitaine de vos francs-tireurs : demain matin nous ferons vêtir tous les domestiques du château avec la grande livrée, et que si le régisseur Cachin s'y opposait, on mettrait le feu aux quatre coins du château.

R. Non, jamais une chose semblable n'a été dite, et je ne comprends pas que des gens sérieux, aient pu croire à une pareille accusation ; et je doute fort que le sieur Cachin ose soutenir cette accusation devant moi.

D. Il paraît, toujours d'après la dénonciation du sieur Cachin, que vos francs-tireurs auraient fait au château de la Hallière, une telle consommation de bois et de paille qu'elle dépasserait toute proportion, et il termine cette récrimination par ces mots : « On ne se figure pas ce que c'est que les francs tireurs de l'Hérault. »

R. En fait de paille et de bois, il n'a été usé que le strict nécessaire, quant à la paille, pour le coucher des hommes, *elle n'a jamais été changée* ; quant au bois, il n'y avait qu'un seul feu de bivouac, au milieu de la cour, feu qui était toujours éteint avant la venue de la *nuit*, à cause de l'*ennemi* et cela par mes ordres mêmes. Quand au bois dépensé à la cuisine, il n'a pu être que celui qu'il fallait pour l'ordinaire de tous les militaires, officiers et soldats. Que le sieur Alphonse Cachin ne puisse pas s'imaginer ce que c'est que les francs-tireurs de l'Hérault, cela peut se comprendre, il préférait peut-être les Prussiens comme tant d'autres de sa nature qui nous ont vendus ; mais qu'il le demande aux Prussiens eux-mêmes, qui nous avaient surnommés les gris blancs, et qui au su et connu de tous les chefs leur armée comptait cette petite phalange pour 2,000 hommes, Choimes, Courville, Montoir, St-Calais, Vendôme, Les Roches, etc., etc.. ont assez appris à l'ennemi ce que valait la phalange de l'Hérault.

D. Faisiez-vous faire à vos hommes des distributions de vin au château de la Hallière ?

R. Oui, avec du vin, *que j'avais acheté de mes deniers*.

D. Le régisseur Cachin, dans sa lettre du 12 novembre, dit cependant que vos francs-tireurs ont consommé une pièce de vin dans l'espace de 40 heures ; ainsi, arrivés le 11, vers 2 heures de l'après-midi, le lendemain, à pareille heure, cette barrique de vin aurait été mise au pillage ; qu'avez-vous à répondre ?

R. du 11 au 12 on n'a bu de vin, que celui qu'avaient apporté les soldats dans leur bidon, provenant d'une barrique que j'avais achetée à La Loupe, chez un négociant, barrique qui avait été apportée à Bellaumer (dont j'ai l'acquit chez moi) ; la distribution avait été faite avant le départ, à Bellaumer, et la barrique y était restée à la Mairie. Quand au vin des officiers, c'est M. Alphonse lui-même, qui au nom de son maître, vint nous l'offrir, le prenant dans la cave dont il avait les clefs, et qui n'ont jamais été en notre possession ; quand je lui ai fait observer que j'entendais payer, il m'a toujours répondu qu'une pareille offre offenserait son maître. Un jour même le sieur Alphonse Cachin, se trouvant à la chasse et ayant oublié de sortir le vin des officiers comme il le faisait tous les jours, nous bûmes du cidre, et à son retour, il se fâcha de ce que, en suivant la voix des chiens, je n'avais pas envoyé un franc-tireur le chercher pour avoir les clefs de la cave.

D. Ce régisseur ajoute que depuis huit jours que vous étiez à la Hallière, on se battait à Châteauneuf, on se battait à Digny et que pendant ces combats, vos francs-tireurs s'amusaient au château à jouer soit aux quilles, soit au bouchon et même à la toupie.

R. A Digny d'abord l'on ne s'est jamais battu, que le 18 novembre, jour où nous avons été obligé de battre en retraite. Quant à ce qui se passait à Chateauneuf, ce n'était point le rayon de notre corps d'armée ; mais cependant deux reconnaissances de francs-tireurs de l'Hérault, par mes ordres, se portèrent de ce côté là, et s'y rencontrèrent avec les francs-tireurs girondins ; les ennemis venaient bien, mais jamais on n'eut la chance de les rencontrer. Le sieur Alphonse Cachin, quand il dit que les francs-tireurs ne faisaient que jouer, devrait se rappeler que le 13 ou le 14, tout le bataillon partait en reconnaissance, faisant même suivre ses bagages (l'on croyait à une marche en avant,) à 4 heures du matin, dans la direction de Chartres, et arriva à Fontaine-l'Aiguillon, à 5 kilomètres de Chartres, et que là, il était onze heures du matin, au moment, où après avoir pris un instant de repos et après avoir mangé les vivres qu'une population heureuse de voir des Français, avait apportés avec enthousiasme, on croyait prendre Chartres, que tous les renseignements assuraient ne contenir que 500 hommes au plus, une vingtaine de canons, des malades et des blessés. Notre colonne se composait de 6,000 hommes, nous reçûmes l'ordre de battre en retraite et de reprendre nos cantonnements. Nous arrivâmes à la Hallière à 9 heures 1⟋2 du soir après être passé par Digny, où je serrai la main au commandant Perrot, du 48e de marche. Nous avions fait 75 kilomètres dans la neige ; M. Cachin devrait se rappeler ce petit jeu-là, j'ajouterai qu'il ne ment pas, quand il dit que nos hommes jouaient à leurs moments perdus.

D. Est-ce que vos francs-tireurs ne se sont pas livrés au château de la Hallière, à des parties de chasse, et auraient ainsi tué une assez grande quantité de gibier ?

R. Après la scène des chandelles, le sieur Alphonse Cachin s'était mis dans les meilleurs termes avec le lieutenant Lanquine et le lieutenant Arbroux, et à mon insu ils complotèrent une première partie de chasse ; ils vinrent me trouver tous les trois, et il me demanda pour mes lieutenants l'autorisation de le suivre ; je m'y opposai vivement, ce qui fût la cause qu'un de mes lieutenants fut d'une humeur de chien ; enfin à force de sollicitation les plus pressantes de la part du sieur Alphonse Cachin, qui disait que l'on ne s'écarterait pas à plus de 100 mètres de l'habitation ; qu'il fournirait fusils et munitions, je finis par me laisser tenter et accordai deux heures de permission. Ces messieurs partirent avec le sieur Cachin et revinrent une heure et demie après environ, rapportant trois lièvres. Alors une demande me fut adressée par les lieutenants de vouloir bien admettre le sieur Cachin à la table des officiers, pour manger les lièvres. Je fis l'observation que ce n'était guère convenable, mais je cédai pour ne pas passer pour un aristocrate. Ces chasses se sont renouvelées deux autres fois et toujours sans ma présence. Pour ces mêmes motifs à partir de ce jour, le sieur Alphonse Cachin, mangea régulièrement à la table des officiers, et pour faire honneur aux francs-tireurs, avec lesquels il vivait dans la meilleure intelligence, il orna son chapeau tyrolien de plumes de coq de bruyère et d'une immense cocarde tricolore, l'on ne le vit plus reparaître avec sa casquette de piqueur qu'il avait portée jusque-là.

D. Est-ce que dans une certaine circonstance, les francs-tireurs, alors qu'on se battait entre Digny et la ferme de la Prémondière, ne se seraient pas glissés du côté des murs à gauche, et blottis dans des fossés où ils seraient restés jusqu'à 7 heures 1⁄2 du soir, puis ils seraient revenus dîner au château et se seraient vantés de leurs exploits ?

R. Je vous ai parlé de cette affaire, nous étions à Digny et non à la Hallière, le commandant Perrot pourra en faire foi. Je rappelle comme je l'ai dit que nous sommes revenus à la Hallière, dans la soirée du 18, et nous en sommes repartis dans la nuit avec le 48me de marche et la mobile.

D. Vous nous avez déclaré que les officiers habitaient dans le château et que la troupe était placée dans les dépendances, et je veux savoir maintenant où logeait la cantinière ?

R. Les officiers occupaient les chambres que leur avaient désignées M. Alphonse Cachin, et qu'il leur avait ouvertes lui-même ; je leur fis même observer qu'ils pourraient coucher deux ensemble et que M. Cachin avait bien voulu leur donner une chambre à chacun. Le second jour, à mon insu, il donna des chambres à certains sous-officiers et quelques soldats qui étaient souffrants, et, à ce sujet, je fus obligé de me fâcher, et je fis interdire l'entrée même du château aux sous-officiers, à cause du service, et je ne tolérais leur présence au château que le soir, à neuf heures, pour s'enfermer dans la chambre, et cela après que l'ordre de ceux qui étaient de service m'avait été remis. La cantinière demeurait dans le château, comme je viens de l'indiquer sur le plan.

D. Nous trouvons singulier que vous ayez pris votre chambre précisément au fond du rez-de-chaussée, et non dans la pièce occupée par MM. Bonnet et Goudion, qui étaient plus à portée de la troupe qui se trouvait sous votre commandement ; vous avez eu sans doute des raisons toutes particulières pour occuper cette chambre ?

R. La chambre qu'occupait MM. Goudion et Bonnet n'était pas une chambre, mais un tout petit cabinet, et le premier jour de mon arrivée, j'y couchai même dans un petit lit en fer avec ces deux messieurs. Comme dans un si petit espace il était impossible de rester et que, de plus, c'était encombré à chaque instant de demandeurs et de visiteurs, les uns pour le commandant, les autres pour le capitaine adjudant-major, et les autres pour l'officier payeur, je dus nécessairement demander un autre logement à M. Alphonse Cachin, qui m'assigna une des deux chambres qui se trouvent au rez-de-chaussée, où je serais tranquille pour donne mes ordres et pour faire ma correspondance.

D. Avec qui la cantinière prenait-elle ses repas ?

R. La cantinière prenait ses repas à la table des officiers, où mangeait *le sieur Alphonse Cachin lui-même,* et où venaient manger tous les jours deux sous-officiers, deux caporaux et deux francs-tireurs, pour faire voir que nous mangions la même nourriture, attendu qu'en partant de Montpellier, les instructions de notre association portaient qu'il ne devait y avoir de privilége ni pour la solde, ni pour la nourriture, pas plus pour les officiers que pour les francs-tireurs.

D. Quelle était la place habituelle de cette cantinière à table ?

R. Elle n'avait pas de place attitrée, elle s'est trouvée quelquefois à mes côtés, quelquefois en face, etc...

D. D'après une pièce qui est jointe au dossier, vous auriez eu avec cette femme des rapports très-intimes ; votre rapprochement dans ce château semblerait affirmé, puisque vos deux chambres se touchaient, qu'avez-vous à répondre?

R. J'avais placé la cantinière dans la seule chambre qui restait de libre au rez-de-chaussée, afin qu'elle ne fût pas, étant au premier étage ou au second, mêlée avec tout le corps des officiers et tout le corps des sous-officiers, voulant, par là, ôter tout prétexte ou semblant de cause de scandale ; je suis étonné que ce soit le sieur Alphonse Cachin, qui me reproche cette intimité qui n'est point, alors que me voyant tous les jours à table, ou autre part, il était témoin de la sévérité que je mettais à la faire *respecter et de l'énergie avec laquelle j'exigeais que son service fut fait*, et je mets au défi qui que ce soit, d'avoir surpris soit en paroles, soit en actions, soit en regard même, chez moi, quelque chose qui put faire supposer des rapports entre elle et moi.

D. Etes-vous jamais entré dans la chambre de cette cantinière?

R. Oui, une ou deux fois ; en faisant moi-même l'inspection du château, pour veiller à sa propreté.

D. Y avait-il, dans la chambre occupée par cette femme, un placard servant de garde-robe ou des meubles contenant des effets de femme ou enfin une malle?

R. A ma connaissance, il n'y avait aucun placard servant de garde-robe, il n'y avait aucune malle d'aucune espèce, et pour tout meuble pouvant contenir quelque chose, il y avait une simple commode, et autant que je puis me le rappeler, il y avait un miroir portatif. J'ajouterai, autant que mes souvenirs me servent que les clefs étaient sur cette commode.

D. Quels étaient les meubles qui se trouvaient dans votre chambre?

R. Il y avait une commode, que je n'ai jamais regardé si elle était vide ou pleine, un petit meuble-bahut servant de pupitre ; je puis dire qu'il n'y avait rien dans le haut, car les deux petites portes étaient ouvertes.

D. D'après la lettre du sieur Cachin, cette cantinière aurait volé, dans un placard, servant de garde-robe à madame du Tillet, en faisant sauter la partie qui sert de gâche, dès robes et d'autres effets, elle aurait même fouillé et refouillé dans une malle appartenant à madame de Noue, dans laquelle elle aurait pris à deux mains tout ce qui était à sa convenance et, pour se servir de l'expression du régisseur, elle s'en serait donnée à cœur-joie. Avez-vous eu connaissance de ces faits?

R. Si de pareils faits s'étaient produits, que j'en eusse même eu le soupçon, ou que même le sieur Alphonse Cochin m'en eût averti, comme cela lui était très-facile, et comme c'était son devoir, attendu que tous les jours je l'engageais à faire l'inspection de la maison et que nous la faisions même ensemble, j'aurais sévi mais jamais le sieur Cachin ne m'a rien signalé, je ne me suis jamais aperçu de rien, et je n'ai connaissance, en aucune façon, ni de ces vols, ni de ces déprédations (ce qui est extraordinaire, vu le nombre de personnes présentes au château et le long séjour que nous y avons fait).

D. Cette dénonciation va plus loin encore, car dans sa lettre le le sieur Cachin ajoute : Victorine m'a dit, en vous signalant, qu'il avait volé des chemises à M. du Tillet et à Mme Gabrielle. Répondez à cette accusation?

R. Je n'ai jamais volé, ni pris aucune espèce de chemise, ni aucune espèce de linge; depuis que je suis parti de chez moi, je n'ai jamais porté que des chemises en flanelle ou en drap rouge, mais achetées à la confection, et que j'ai données à mon ordonnance, mes moyens m'ont toujours permis jusqu'à aujourd'hui, de ne pas me servir du linge des autres.

D. Le régisseur Cachin a également signalé la disparition de quatre flambeaux qui dépareillent quatre cheminées, de quatre couvertures de laine et de deux verres émaillés qui se trouvaient dans la salle à manger ; plus, dans cette même salle, on aurait volé deux vases de Chine avec leur dessous. Il parle également ment d'un autre vase avec dessous qu'il croit aussi chinois ; mais il aurait sauvé ces derniers en prenant quelques précautions, et il ajoute que c'est vous qui deviez les faire prendre. Répondez.

R. Je n'ai connaissance d'aucun flambeau ni d'aucun objet, de quelque nature que ce soit, qui auraient été volés, ni verres, ni couvertures, ni vases de Chine. Ce qui m'étonne, c'est que le sieur Alphonse Cachin ait trouvé le moyen de sauver deux vases et n'ait pas trouvé le moyen de sauver le tout. Puisque nous étions si brigands et si voleurs, qu'il avait peur de s'adresser à moi, il n'avait qu'à prévenir le premier gendarme venu ; il en venait quatre ou cinq par jour porter des ordres au château, et en admettant même qu'il eût peur de s'adresser en notre présence à ces gendarmes, il n'avait qu'à aller à Digny, où se trouvait le commandant Perrot et le commandant Baudin, avec mille hommes de troupe, et les prévenir du fait qui se passait. Et enfin, en dernier ressort, quand il est allé à la Loupe, il n'avait qu'à prévenir le brigadier de gendarmerie de cette ville, ou bien encore le commandant de place. Le sieur Cachin m'obligerait beaucoup de me faire conaître quel est le capitaine qui a dit que je voulais voler des vases de Chine et objets d'art de cette nature ; ma maison paternelle et celle de mes aïeux en contiennent assez sans que j'aie besoin de ceux des autres, puisqu'un de mes aïeux a été gouverneur de Pondichéry, et moi-même, en faisant le tour du monde, j'ai habité Batavia et les îles de la Sonde.

D. Ce même capitaine aurait assuré au sieur Cachin que les bottes, les guêtres et la lorgnette de M. le général de Noue se trouvaient dans votre sac.

R. Ces guêtres, ces bottes et cette lorgnette, qui me sont complètement inconnues, ne pouvaient pas se trouver dans mon sac, *attendu que je n'en avais pas depuis un mois* du reste, l'ayant donné à mes francs-tireurs ; il était en cuir vernis comme ceux que vous avez ici, et il était toujours vide, car je ne voulais pas me charger. Je n'ai jamais porté de guêtres de ma vie, je suis parti avec une paire de bottes de Montpellier, j'en ai acheté une seconde paire à Lyon, en cuir jaune, que j'ai fait ressemeler au Mans, et j'en ai acheté une troisième en vache vernie noire, à Tours, que je porte actuellement, et qui sont les seules qui me restent, attendu que je ne monte jamais à cheval et que j'ai fait toute ma campagne à pied, à la tête de mes hommes, voulant par là prêcher d'exemple ; je ne suis monté en voiture que pour aller de Brennes à Laval, comme je l'ai dit dans la déposition de l'affaire de Roux, parce que je n'étais pas à la tête de mon bataillon. Quant à la lorgnette, je n'en ai nullement connaissance, et pour si belle qu'elle soit ou qu'elle puisse être, j'en ai une qui m'a été donnée par le comité de Montpellier, véritable lorgnette d'état-major, et qui a fait toute la campagne avec moi, et que tous les officiers supérieurs ont admirée ; c'est une lorgnette stadiaque, que j'ai encore chez moi.

D. Ce régisseur prétend également que les commodes de toutes les chambres ont été fouillées, celle de votre chambre comme les autres !

R. Je le répète, je n'ai jamais rien fouillé ni rien fureté ; à ma connaissance, il n'a été rien fouillé ou fureté, et, je le redis de nouveau, le sieur Alphonse Cachin doit être un bien triste régisseur et un homme de bien peu de valeur, pour assister impassible à de pareils actes, qu'il n'avait qu'à me signaler ou à signaler aux autorités voisines pour y mettre fin ou obtenir justice.

D. Le sieur Cachin ajoute que vous attachiez très peu d'importance aux objets plaqués, et qu'un jour, en lui parlant d'un peti huilier qui était sur la table, vous lui auriez dit d'un air gracieux : Cet huilier est bien joli, mais il n'est que plaqué, ce qui fait supposer que s'il eût été en argent, il aurait tenté votre cupidité.

R. Il est, en effet vrai, autant que mes souvenirs me servent, que j'ai fait cette réflexion sur l'huilier en question ; ceci n'est pas étonnant, j'aime les jolies choses, et surtout le vrai, et chez moi toute l'argenterie n'est pas en ruoltz, ni en plaqué, mais bien en argent ou en vermeil, pour servir quarante personnes, tous les couverts compris et le service au grand complet. Je n'ai donc pas besoin de ce qui appartient aux autres, et que je n'ai jamais envié, m'étant trouvé dans des maisons qui valent bien celle de M. du Tillet.

D. Revenons à l'affaire du cachet trouvé parmi les effets qu étaient sur la charrette de Maurice Roux. Quand ce cachet a été

trouvé, l'empreinte a été adressée à M. le général de Noue qui l'a
de suite reconnu pour appartenir à son beau-frère M. du Tillet,
et voici la déclaration de M. du Tillet lui-même. « Je déclare :
que l'empreinte du cachet envoyé par M. le général Foltz, est
bien celle d'un cachet qui m'appartient. Il est en argent, il porte
deux gadonès et un G majuscule (Gabriel du Tillet) ; il a dû être
dérobé à la Hallière, dans le secrétaire à cylindre de mon cabinet
au rez-de-chaussée qui était fermé à clef.

Signé : du TILLET. »

Or, non-seulement ce cachet a été volé, mais pour accomplir ce
vol, on a dû commettre sur ce meuble une effraction, et ce vol
vous serait attribué,

R. Je déclare d'abord que je n'ai point volé ce cachet, que je
n'ai point forcé le bureau de M. du Tillet, que je ne l'ai point vu
voler et que je n'ai pas vu forcer le bureau de M. du Tillet.
J'ai vu un cachet semblable ou à peu près dans un écritoire au
château de La Hallière, sur le bureau à cylindre susnommé, qui,
je le répète, n'a jamais été forcé, du moins à ma connaissance. Il
est évident que si ce cachet s'est trouvé parmi leseffets de la charrette que conduisait Roux, ce cachet a été volé, par qui, je l'i-
gnore ; mais il eût été très-facile de le savoir (et j'étais plus
intéressé que qui que ce soit à ce qu'on le sût) si l'on n'avait pas
brouillé tous les objets contenus dans les sacs de la charrette, et
si l'on eût procédé à leur inventaire régulièrement, c'est-à-dire
en inventoriant chaque sac l'un après l'autre, et en remettant
les objets à leur place primitive. Je rappelle que je n'ai pas occupé cette chambre du 12 au 18 novembre, puisqu'elle était ha-
bitée par MM. Bonnet et Goudion dont je réponds comme de
moi-même. J'avais cependant habité cette chambre lors de mon
premier séjour à la Hallière du 25 au 28 octobre, et j'atteste que
ce n'est pas pendant que j'y habitais, qu'il a été pris ; et autant
que mes souvenirs peuvent me permettre de le dire, j'ai toujours
vu ce bureau à cylindre ouvert. Quant au cachet de M. du Tillet,
je n'en n'avais nul besoin, celui que je possède vaut cent fois le
sien sous tous les rapports, la devise seule qu'il porte dit qui je

suis : *n'est beau que ce qui est honnête*, devise, que ni moi ni les miens n'ont jamais fait mentir. Comme je l'ai déclaré dans ma déposition de Roux, je demande que cette enquête soit poussée à fonds pour qu'on découvre le coupable.

D. Faites-nous connaître comment vous vous êtes procuré une seconde barrique de vin, étant à la Hallière, le 14 ou le 15 novembre.

R. Le sieur Alphonse Cachin, m'ayant fait observer que le vin ordinaire diminuait, et de mon côté ne cessant de lui répéter, qu'il ne me convenait pas de boire du vin que je ne payais pas, il fût convenu que je ferais apporter sur la charrette qui faisait le service des vivres, une barrique de vin de chez le négociant qui m'avait fourni la première à Bellaumer (le négociant était à la Loupe). La barrique arriva avec un congé en mon nom, mais le négociant était aussi le fournisseur de M. du Tillet ; le sieur Alphonse Cachin s'opposa à ce que je la paie, disant que son maître lui ferait des reproches, s'il en était ainsi. A mon passage à la Loupe, je me rendis chez le négociant pour le solder et il me répondit que c'était inutile (le nom de ce négociant m'échappe, il demeure sur la route qui mène au chemin de fer, à droite en allant à la gare, après la poste aux lettres), que M. du Tillet était chargé de cela. Une partie de ce vin, la plus grande, est restée au château.

D. Il résulte des deux lettres dénonciatrices du sieur Cachin, des lettres de M. le général de Noue, de la note même de M. du Tillet qu'il y a eu ou qu'il doit y avoir eu de nombreuses déprédations commises au château de la Hallière, par les francs-tireurs de l'Hérault ; officiers et troupes, car il ne tomberait pas sous le sens, que les personnes que nous venons de citer auraient adressée lesdites plaintes sans causes ni raisons. Quelles explications avez-vous à donner à cette réflexion ?

R. Mes réponses sont le récit exact, je le jure sur l'honneur, de ce qui s'est passé ; dans cette campagne de 4 mois, chefs et soldats avec qui j'ai été en rapport, pourront dire si jamais je leur ai menti et si l'honneur n'a pas été toujours ma seule règle de conduite ;

j'ignore quels sont les mobiles ou les motifs, qui ont amené ces dénonciations, qui, en ce qui me concerne, ne sont que d'affreuses calomnies ; en ce qui concerne les hommes placés sous mon commandement, je déclare que si ce n'eût été mon devoir, mon intérêt et la sauvegarde de mon honneur que je n'ai jamais confiés à personne, m'ordonnaient de sévir et je n'y aurais pas manqué, si j'avais eu le moindre soupçon. Les colonels Tribout, Noirtin, le général Michel, le préfet de la Sarthe, son secrétaire général, M. Soillau. le préfet de la Loire, le sous-préfet de la Vienne, le maire de Poitiers, le maire de Rive-de-Gier, colonel de la garde nationale, aujourd'hui député, diront tous avec quelle énergie et quelle force je maintenais la discipline dans mon corps, tout en étant adoré de tous mes hommes. De Montbazon à Tours, pour des fautes qui certes n'étaient point aussi graves que celles qu'on me reproche aujourd'hui, j'ai fait amener à Tours 4 francs-tireurs la chaîne au cou. Je ne dirai rien de M. Du Tillet et du général de Noue, que je n'ai pas l'honneur de connaître, mais s'ils m'avaient connu, il est probable et même certain, que loin d'appuyer en ce qui me concerne les accusations du sieur Cachin, ils m'eussent demandé, persuadé que j'étais étranger à ces vols à ces pillages, s'il est vrai qu'il y en ait eu, à les aider à découvrir la vérité tout entière et ils ne m'eussent point alors compris parmi les criminels. Pour le sieur Cachin, je vais le juger, car c'est mon droit. C'est le dernier calomniateur des hommes, l'hypocrisie en personne, le poltron par excellence, le flatteur et le plat valet. Il me dénonce d'avoir vécu en concubinage avec une femme ! eh bien, que son maître sache, d'après les bruits généralement répandus et accrédités, qu'une certaine Florence vient consoler ce vieillard décrépit, et je dois ajouter que le sieur Alphonse ne lui suffit pas ; si je dois en croire une rumeur soldatesque, alors que je faisais route, des quolibets lancés de droite et de gauche, annonçaient que tels ou tels avait joui de ses faveurs, qui au fruitier, qui au cidre, qui dans la buanderie, qui dans la serre, qui dans la vacherie. Pour moi, le sieur Alphonse Cachin n'a eu qu'un but, se blanchir auprès de ses maîtres, pour garder sa place, en accusant les autres ; il s'est bien gardé d'accuser les Prussiens qui ont habité le château après nous et dont cependant tout le monde se plaint, mais les Prussiens sont encore ses voisins; en haine des francs-tireurs, ils ont peut-être même trempé dans sa seconde lettre, qui a dû être écrite pendant le séjour de ces messieurs. Mais il sait très-bien qu'avec ces ennemis il ne faut pas plaisanter et qu'au moindre soupçon, la vie en dépendait; qu'il leur faut tout sans partage et rien pour eux n'a jamais été assez beau. Le sieur Alphonse Cachin le savait bien, quand la nuit de notre départ, il arrachait de son chapeau les plumes et sa cocarde tricolore, mettait sa casquette de piqueur et faisait éclairer toutes les fenêtres du château pour recevoir les Prussiens et dressait la table. Telle est la vérité, je le jure sur l'honneur et telle est mon appréciation, j'attends avec confiance que justice soit faite pleine et entière, et quoi qu'il puisse arriver, je sortirai d'ici la tête haute, comme je l'ai toujours portée, n'ayant rien à ambitionner comme bravoure et comme honneur, et ayant servi mon pays, sans aucune espèce d'intérêt à l'âge de 43 ans, et comme je suis encore prêt à le faire.

D. Pourquoi avez-vous souffert vous, chef de troupe, que vos sous-ordres fissent des réquisitions irrégulières, dans les fermes et dépendances; et pourquoi vous et vos hommes, touchant une solde régulière, n'avez-vous pas soldé comptant, comme vous auriez dû le faire, les vivres et boissons que vous consommiez?

R. Je n'ai jamais souffert que mes subordonnés fissent des réquisitions sans mon autorisation, et cela par écrit; s'ils en ont fait, pourquoi le régisseur et les fermiers ne m'en ont-ils pas informé? Tout ce que mangeait les hommes, hors l'ordinaire, tels que œufs, fromages, poulets, ils le payaient comptant. Si je n'ai pas payé comptant les réquisitions de moutons que j'ai faites dans une ferme, c'est qu'après avoir requis les moutons, je fis venir le régisseur, le sieur Cachin, je lui demandai combien valaient ces moutons, alors le sieur Cachin me dit un prix de.., alors je mandai auprès de moi le fermier, auquel les moutons avaient été requis, et je lui dis de bien vouloir me faire savoir ce que je lui devais, car j'entendais le payer immédiatement le trésorier étant là, il sortit de suite, la somme qui était en or; mais le fermier exigeant un prix double à peu près de celui de l'estimation du sieur Cachin, ne voulant avoir aucune difficulté avec lui, je lui dis : « Le régisseur a estimé les moutons tant, je crois que cela devrait vous suffire, vu l'usage pour lequel il sont. » Le fermier ne voulut rien entendre et maintint sa demande ; je lui proposai alors un autre moyen. de partager la différence entre eux, là-dessus, le sieur Cachin trouva que j'étais trop raisonnable, mais le fermier ne voulut rien démordre. C'est alors qu'usant des instructions que le commandant de la Ferronaye avait donné au sujet des réquisitions de vivres et qui sont inscrites au livre du rapport de toutes les compagnies, de tous les corps qui étaient sous ses ordres et qui disaient : que lorsqu'un fermier ou un possesseur de bétail ou autres denrées ne pouvait pas se soumettre à un prix régulier et qui semblerait raisonnable aux chefs de compagnies, une commission venait d'être instituée par ses soins qui trancherait le différend. En vertu donc de ces instructions, je dis au fermier, transportez-vous au quartier général et j'en passerai par ce qui aura été décidé, j'ai attendu, il n'a jamais apporté de décision, parce qu'il n'a jamais voulu la prendre quoique je la lui ai demandée. A Digny, où j'étais d'accord, pour la fourniture du pain, demandez si elle n'a pas toujours été payée.

D. Que s'est-il passé pour les moutons de Bellau?

R. Le régisseur ment de la manière la plus impudente, quand i dit que ce n'est pas lui qui a fixé le prix, et je maintiens ce que je viens de dire.

D. Ne voulant pas accepter ce marché, M. Bellau ne s'est-il pas retiré ce jour même, et n'a-t-on pas envoyé chercher des moutons; sur son refus, n'est-il pas venu au château dire qu'il se refusait d'en donner désormais, et, en entrant dans la cour de sa ferme, M. Lanquine ne l'a-t-il pas souffleté?

R. En effet, ce jour-là on est allé pour chercher des moutons; le sieur Bellau s'est refusé de les donner ; je lui ai proposé de nouveau de le solder, il n'a rien voulu entendre; je lui ai dit qu'on l'y contraindrait, comme c'était mon devoir, alors il m'a, en présence de M. Cachin et de tout le monde, traité de canaille, de voleur, de pillard, et qu'il voudrait voir arriver les Prussiens; alors le saisissant moi-même, je lui dis qu'il était un misérable, et alors il a persisté à m'outrager de la dernière façon. J'ai écrit immédiatement une lettre qui indiquait les faits tels qu'ils se sont passés et je lui ai dit qu'il allait être conduit au quartier-général, n'entendant pas me faire justice moi-même, et j'en aurais eu cependant le droit. Le sieur Bellau voyant ma résolution qui allait être exécutée, s'est à ce qu'il paraît mis à pleurer et m'a envoyé M. Cachin pour me dire qu'il regrettait ce qu'il avait fait, qu'il m'en demandait pardon et que j'ai à lui faire grâce. J'ai cédé immédiatement aux prières de M. Cachin, et ai dit qu'on le laissât libre et ai détruit la lettre. Quand le sieur Bellau voudra régler cette affaire, malgré que les compagnies de l'Hérault soient dissoutes, je n'irai pas, comme cela serait mon droit, réclamer à chacun la part dans cette dépense, et je la supporterai s'il le faut seul ou avec mes officiers, ce sera mon affaire, attendu que j'ai toujours donné mes appointements au corps que je commandais.

D. N'avez-vous pas réquisitionné du château de la Hallière, à Emile Bellan, cultivateur au Ramphai, une voiture grande dimension, et au sieur Alphonse Ridesol, à la ferme de la Tanche, deux chevaux harnachés pour conduire cette voiture, qui était destinée à transporter vos bagages ? Que sont devenus cette voiture et les chevaux ?

R. J'ignore complètement le nom du cultivateur et du fermier qui ont fourni la grande voiture et les chevaux, qui étaient gris-pommelés ; c'était au sieur Cachin que je m'étais adressé pour avoir cette voiture, pour le transport de nos bagages, le soir même de notre départ 18 novembre, et c'est lui qui nous l'a fournie avec l'homme qui devait nous la conduire et qui devait la lui ramener ; mais l'ennemi occupant les positions, cela a été impossible. Cette charrette et son charretier sont restés très longtemps avec nous ; j'ai nourri le charretier et subvenu à tous ses besoins de toute nature tout le temps qu'il est resté avec le corps ; enfin, à notre dernier séjour au Mans, il a voulu nous quitter à toute force, après s'être trouvé très bien pendant tout le temps qu'il est resté avec nous, et m'a dit qu'il voulait à tout prix aller voir sa famille, que je devais comprendre ce besoin, et qu'il se chargeait de franchir les lignes prussiennes, quoique l'ennemi fût pour ainsi dire aux portes du Mans. Je dois dire que, quoique je n'eusse pas de rapports réguliers avec cet homme, je n'ai eu jamais aucune plainte à son sujet, et lorsqu'il me quitta je lui remis même un peu d'argent. La charrette et les chevaux ont toujours suivi le corps, sous la direction du sergent-fourrier Lacroix, et ce n'est que le 6 janvier qu'à Eperouse, entre Azay et Vendôme, après avoir pris et repris deux fois nos bagages des mains de l'ennemi, battant en retraite à travers bois, on dut abandonner cette charrette et ses chevaux avec l'homme qui les conduisait, et qui a été désigné par le fourrier Lacroix pour ce service. Nous avons eu en tout, cet homme perdu ; mais, à ma dernière arrivée à Montpellier, on m'a dit que ce franc-tireur, grâce à son sang-froid et à son énergie, était parvenu à sauver la charrette et les chevaux, qu'il avait laissés et conduits en fourrière je ne sais où. Le fourrier Lacroix vous désignera cet homme, qui pourra donner des explications à ce sujet et faire retrouver la charrette et les chevaux.

D. Mais pourquoi, lorsque vous avez battu en retraite au Mans, ne vous êtes vous pas occupé de retrouver cette charrette et les chevaux ?

R. Après avoir cru tous nos bagages perdus, en ayant trouvé une partie au Mans, sur d'autres petites voitures, car nous étions alors plusieurs compagnies franches de réunies, je me suis inquiété de la charrette en question, on m'a répondu qu'on la croyait perdue, et le jour même où je me mettais à sa recherche, j'étais arrêté au civil, pour la même affaire qui m'amène devant vous et depuis lors, je n'ai pu m'en occuper.

D. Le charretier se plaint amèrement, par une lettre écrite à son maître, des mauvais traitements que vous lui auriez fait subir. Quand au Mans vous avez reçu l'ordre de partir pour Saint-

Calais, il serait venu vous prier de le laisser retourner avec les chevaux et la voiture en vous disant que vous pouviez bien en trouver une au Mans; à cette proposition, vous lui auriez dit des injures, vous l'auriez mis à la porte en lui disant que la voiture et les chevaux vous appartenaient, qu'il n'avait rien à réclamer, qu'il pouvait f..... le camp de chez vous. Sur la plainte qu'il n'avait pas d'argent pour vivre, vous lui auriez répondu : Qu'on lui donne dix francs et qu'il s'en aille, il se serait mis à pleurer, mais ses larmes ne vous auraient pas touché?

R. Cette lettre a tout lieu de m'étonner, elle ne peut avoir été dictée que par un 'e mes ennemis, car, comme je vous l'ai déja dit plus haut, au. . .i rapport ne m'avait été adressé au sujet de cet homme, et lui-même ne s'était jamais plaint non plus. Sa solde, ou ce qu'on lui donnait, était la même que celle des francs-tireurs, plus les gratifications que j'ajoutais de ma poche, ce qui arrivait souvent. Quant à son départ, je le lui ai accordé avec peine, car je tenais qu'il emmenât ses chevaux. Je ne l'ai jamais brutalisé, et s'il en avait été ainsi, comment lui aurais-je donné dix francs? Je demande à ce qu'il soit confronté avec moi, il ne m'a jamais demandé de prendre les chevaux et la voiture, me l'eût-il demandé, je lui aurais refusé : mon devoir m'empêchait, à ce moment-là, où on avait tant besoin de transports avec deux chevaux, de ne pas laisser aller à l'ennemi un matériel dont, très certainement, il se serait emparé pour son service.

D. En vertu de quel titre ou permission avez-vous quitté votre poste, le 11 janvier, pour venir, sans autre formalité, à Bordeaux. Vous deviez connaître les lois militaires et vous deviez savoir qu'en quittant votre poste, sans autorisation, vous deveniez passible des peines de la désertion?

R. Après avoir eu une ordonnance de non lieu, rendue par la commission d'enquête de la Cour martiale réunie à Périgny-l'Evêque, sous la présidence du général Gougeard, assisté des colonnels Trébout, des cuirassiers, et Noirtin, des hussards, et de deux chefs d'escadron qui avaient reconnu mon innocence à l'unanimité, sur les mêmes faits dont je suis appelé aujourd'hui à vous répondre, je me vis arrêté au Mans, le 10 janvier, c'est-à-dire dix-huit jours après, environ, cette commission d'enquête, et cela, par ordre du ministère public civil, sous l'inculpation d'avoir usurpé ma qualité de militaire, qu'aucun titre ne m'accordait et, de plus, sous l'inculpation de vol et pillage, au château de La Hallière, qui est aujourd'hui le sujet de mon nouvel interrogatoire. Le juge d'instruction m'interrogea, une visite de tous mes effets fut aussi faite, on m'assura que je serais bientôt rendue à la liberté, le jour même probablement, il n'en fut rien. Enfin, le 12, au moment où les bombes et les obus, que nous entendions très bien de la prison, tombaient sur le Mans, monsieur le Procureur de la République, qui avait ordonné mon arrestation, puisqu'on ne me regardait plus comme militaire, vint à la prison et ordonna qu'on me mit en liberté, m'ajoutant qu'il ne voulait pas avoir à se reprocher d'avoir fait une victime; je le remerciai, je lui demandai s'il ne pouvait pas faire mettre aussi en liberté trois officiers qui se trouvaient en prison, parmi lesquels se trouvait le capitaine des lanciers, Rapaten; il me dit que cela lui était impossible, attendu qu'ils étaient des militaires et que j'étais considéré comme civil. Je lui demandai alors où était mon bataillon pour que je puisse aller le rejoindre, il me répondit que c'était inutile et que je n'avais à prendre que la route de Laval.

Dans ce trajet, après avoir fait une vingtaine de kilomètres dans la neige, j'ai rencontré Maurice Roux et différents francs-tireurs, parmi lesquels se trouvaient M. Bonnet et M. Goudion, Aux hommes qui voulaient se mettre sous mes ordres, je leur ai répondu que je n'avais aucune qualité pour cela, attendu que j'étais considéré comme civil. En arrivant à Laval, je me suis présenté à la place, j'ai défini ma position au commandant de place, j'ai donné mon adresse, j'y suis revenu le lendemain, il n'y avait aucune réponse, pour savoir si je devais me remettre à la tête de mon corps qui était presqu'entièrement réuni à Laval. Il me fut répondu par le commandant de place, que je n'avais aucune qualité pour cela, et qu'il n'avait reçu aucun ordre, j'attendis jusqu'au soir. Enfin, de guerre lasse, voulant trancher une position qui était civile lorsqu'elle aurait pu être militaire, je me rendis à Bordeaux, prévenant toujours par une lettre le commandant de place qui indiquant mon voyage et le but de ce voyage. En arrivant à Bordeaux, je me portai immédiatement au ministère de l'intérieur, où je vis le ministre de la guerre, qui me dit de m'adresser à M. Cavalié, son secrétaire, pour lequel j'avais une lettre de recommandation, celui-ci m'assura que tout allait s'arranger et me dit en me remettant un mot d'aller trouver M. Freycinet au ministère de la guerre. Chez M. Freycinet, on m'adressa chez M. le général Hacca, où je trouvais le commandant de Bastard. Je lui dépeignis ma position, il me répondit très-sèchement qu'on était très-prévenu contre moi et que ma conduite méritait une sévère punition, que je portais un titre que je n'avais pas le droit d'avoir, et me répéta toutes les accusations de la Hallière. Je voulus lui faire des observations il ne voulut rien écouter, craignant une arrestation d'un instant à l'autre, d'après ce que je venais d'entendre, je revins au ministère de l'intérieur, où le lendemain, MM. Cavalié et Allain-Targé, me remirent, l'un une lettre et l'autre une pièce, pour me recommander auprès du commandant de Bastard et du général Hacca. Je me transportai au ministère de la guerre à une heure, je vis le commandant de Bastard, qui m'engagea à aller trouver le général Foltz, pour lui faire comprendre ma position. C'est en sortant de son cabinet, qu'à la porte même, je fus arrêté par deux gendarmes, qui probablement avaient été placés là dans ce but. Je fus conduit à la prison militaire, où je fus enfermé dans le plus ignoble des cachots, et cela, sous l'inculpation de faux titres militaires, de vol et de pillage.

Après trois jours de détention, le médecin, vu mon état maladif, me fit transporter à l'hôpital ; là, après dix jours, le jour même où M. Gambetta, ministre de la guerre, de retour de son voyage arrivait à Bordeaux, instruit de mon affaire, et reconnaissant mon innocence, donnait l'ordre qu'on me mit immédiatement en liberté. Cet ordre fait partie des pièces. Les corps-francs étant dissous par l'armistice, M. Allain-Targé, sur l'ordre du ministre me fit une réquisition pour me transporter gratis à Montpellier, laquelle réquisition je vous remets, à l'instant je retournai au dépôt des francs-tireurs à Montpellier.

L'Interrogatoire de Maurice Roux peut se résumer en quelques mots ; il a reçu les ordres de son commandant auquel il a voué, comme tous ses hommes, une obéissance et une affection sans limites. Il devait se rendre à Bordeaux où devait se reformer le corps des francs-tireurs... Il a conduit la charrette chargée de toutes les pièces de conviction qui sont devant le conseil. Il ne sait pourquoi on l'a maintenu en prison, malade comme il est, il n'a rien pris, rien volé, il est un simple employé, transportant ce que tous les francs-tireurs ont mis sur la charrette.

Ces deux interrogatoires ont duré jusqu'à six heures, au moment où le Conseil va suspendre l'audience, M. le commissaire Apté se lève et déclare, que pendant cette audience des murmures nombreux dans l'auditoire, et paraissant favorables à l'accusé se sont produits, et que s'ils se renouvelaient, le ministère public serait obligé de demander le huis-clos, parce que cette affaire présente à certains points de vue un *côté politique...*

M. LULÉ-DÉJARDIN... Voilà un mot qui éclaire bien des mystères, que je n'aurai pas osé prononcer. Du reste je ne connais pas de loi qui permette de juger à huis-clos les affaires politiques !!.. Si c'est utile nous ferons un incident.

M. APTÉ... Ce n'est pas pour la défense que nous parlons ainsi. C'est pour le public.

M. LULÉ-DÉJARDIN ... Il n'y a qu'un seul langage ici, celui de la loi.

Nous avons omis de rendre compte d'un fait qui s'est produit pendant l'Interrogatoire. M. Rey de Bellonnet avait affirmé que depuis la commission qui lui attribuait le titre de capitaine des francs-tireurs, il avait été promu au grade de chef de bataillon, mais que son titre avait été perdu au milieu des événements de guerre.

M. Apté fait un signe d'incrédulité.

M. Lulé-Déjardin — demande au Conseil s'il ne lui serait pas possible, par l'intermédiaire de M. le Président, d'adresser une dépêche télégraphique au préfet de Montpellier pour s'avoir si le fait est vrai.

M. le Commissaire du gouvernement s'y oppose, disant qu'il était prêt à soutenir son accusation, qu'il avait les pièces suffisantes, et que c'était à la défense à justifier ses allégations.

M. Lulé-Déjardin. Je pose des conclusions.

M. Apté. Alors écrivez-les.

M. Lulé-Déjardin. Je sais ce que j'ai à faire, seulement je n'ai pas encore le talent de parler et d'écrire à la fois.

Pendant quelques minutes de suspension, le défenseur rédige ses conclusions, qu'il lit en les développant d'un mot. Ce que nous voulons, dit-il, c'est la vérité, et quand j'offre à la justice de vérifier les affirmations de mon client, je ne comprends pas une contradiction.

M. Apté combat ces conclusions.

Le Conseil se retire pour délibérer sur ce point, et quelques instants après, il rentre dans la salle, rendant un jugement par lequel il fait droit à la demande du défenseur de Rey de Bellonnet, et prescrivant qu'une dépêche télégraphique sera adressée au préfet de l'Hérault, dans les termes qu'il précite ; nous devons même ajouter pour terminer sur ce point, alors que nous rédigeons le compte rendu après la fin des débats, qu'aucune réponse n'a été faite à cette dépêche télégraphique par le préfet de l'Hérault.

L'audience est renvoyée à huit heures du soir pour l'audition des témoins.

Le premier entendu est le sieur Cachin le plus important de tous.

Un vif mouvement de curiosité se manifeste. Cachin est un demi-monsieur, grand, d'un certain âge, paraissant avoir une certaine intelligence, il ne paraît pas à son aise, comprenant, qu'il est un des personnages de cette dramatique affaire. — Voici à peu près la déclaration :

DÉPOSITION DE CACHIN

D. A quelle date du mois de novembre dernier a eu lieu la retraite de Bretoncelles et l'affaire de Digny, et qu'elle a été la conduite, dans ces circonstances, des francs-tireurs de l'Hérault?

R. Je ne pourrai vous répéter que des on-dit, j'ai su que la conduite des francs-tireurs de l'Hérault avait été traitée comme une moquerie par les habitants de Digny, Bellaumer et La Loupe.

D. Quelle a été la conduite des francs-tireurs de l'Hérault pendant leur séjour au château de la Hallière, séjour qui a duré du 12 au 18 novembre dernier ?

R. Avant le 12 novembre, les francs-tireurs de l'Hérault, en opérant dans les environs, étaient venus passer deux fois vingt-quatre heures au château, à deux reprises différentes, dans les cinq où six premiers jours de ce même mois, et m'étant aperçu à leur seconde visite qu'il manquait quelques serviettes, j'en fis part à M. le capitaine Munier, en lui déclarant, en outre, qu'il avait été pris à la femme du charretier du château un châle et un manteau de caoutchouc appartenant au charretier ; M. le capitaine Munier, m'a tranquilisé en me disant qu'il me ferait rendre ces effets, et je ne m'en suis plus occupé.

Le 12 novembre, une avant garde des francs-tireurs de l'Hérault est arrivée, commandée par M. Arbroux, lieutenant, elle se composait d'une vingtaine d'hommes qui se sont installés dans la cour de la ferme où ils ont formé les faisceaux et placé des factionnaires.

Deux heures après, la troupe principale est arrivée commandée par M. Rey de Bellonnet, qui a visité le château avec moi, et je lui ai désigné quelques chambres pour les officiers et les sous-officiers.

M. de Bellonnet m'a demandé les clefs de quelques appartements, *mais non les clefs de tous les appartements du château*, quoiqu'à vrai dire, plusieurs pièces dont je n'avais pas donné les clés, ont été ouvertes sans elles : celle du rez-de-chaussée, celle qui a été occupée par le commandant et qui permettait de passer de cette chambre dans celle qui a été occupée par la cantinière au moyen de deux portes communiquant de l'une à l'autre et qui donnait sur une espèce de rotonde qui servait de cabinet de peinture à M. Du Tillet; au premier étage, deux chambres, et au second étage quatre chambres qui ont été ouvertes sans le secours des clés.

D. M. de Bellonnet vous a-t-il également demandé les clés des plus petits meuble?

R. Non, il ne me les a pas demandées.

D. Racontez-nous ce qui vous est arrivé au sujet des chandelles ou bougies qui vous ont été réclamées par les francs-tireurs?

R. Quand le gros de la troupe est arrivé, j'ai demandé au Commandant à aller à Digny, avec un cabriolet, pour aller chercher de la chandelle, il n'a pas voulu me laisser partir, disant qu'il y avait des Prussiens de ce côté. Quand plus tard le besoin de chandelles s'est fait sentir, le capitaine Voche et le lieutenant Lanquine m'ont demandé de la chandelle, je leur ai dit qu'on m'avait empêché d'aller en chercher et que je n'en avais que cinq ou six. Ces Messieurs se sont mis en colère et m'ont contraint d'aller chercher des chandelles, j'y suis allé avec M. Lanquine et un soldat armé, mais je dois dire *que M. Bellonnet n'est pour rien dans tout cela.*

Les chandelles ont été apportées par moi, de Digny, et M. Languine m'a donné une réquisition.

D. Mais j'avais quelques raisons de penser que ces chandelles vous avaient été payées par les francs-tireurs, M. Bellonnet nous en a fait la déclaration.

R. M. de Bellonnet s'est trompé, ou a été trompé par ses hommes, ce qu'il y a de certain c'est que c'est moi qui ai payé.

D. Quel est l'officier qui a exigé qu'on ferait vêtir tous les domestiques du château avec la grande livrée, et que si vous vous refusiez, on mettrait le feu aux quatre coins du château !

R. En revenant de Digny chercher des chandelles, le cocher et la fille de basse-cour m'ont dit : « Vous qui faites si grand cas de votre capitaine Munier, voici ce qu'il vient de dire, que si vous vous refusiez que les domestiques revêtissent la grande livrée, on ferait mettre le feu au château. » C'était une plaisanterie.

D. M. Rey de Bellonnet a-t-il eu connaissance de ce fait?

R. *Je ne le dirai* pas, alors que ce propos a été tenu dans le corps de garde qui était dans la cour de la ferme, *M. de Bellonnet étant ailleurs.*

D. Quelles plaintes avez-vous à formuler relativement aux réquisitions qui vous ont été faites pour le chauffage et la paille pour le couchage des hommes, et quel est l'officier qui faisait ces réquisitions?

R. *M. du Tillet ne se plaint nullement des consommations qui ont été faites en bois, paille et cidre, dans ces circonstances, M. Rey de Bellonnet m'avait dit de ne pas donner de cidre aux hommes, mais je lui ai répondu que j'avais ordre de ne pas en refuser aux hommes dans une mesure convenable.*

D. Ne vous a-t-on pas pris dans les caves une barrique de vin que les francs-tireurs avaient bu dans un espace de temps très court?

R. M. du Tillet m'avait laissé la direction du château à son départ pour Nantes ; il m'avait dit : « Voici une barrique de vin qui a été mise en bouteilles ; j'entends qu'on en donne aux militaires qui pourraient en avoir besoin, *et même aux Prussiens.* »

Cette barrique a servi à la table où mangeait le commandant, qui se composait d'une vingtaine de personnes, et où je me trouvais également, le commandant m'en ayant exprimé le désir d'une manière toute gracieuse. On buvait à chaque repas, y compris le vin qu'on envoyait aux malades, une trentaine de bouteilles. Aussi cette barrique a-t-elle été assez vite finie, c'est-à-dire qu'elle a duré cinq ou six jours. J'ajoute que c'est moi qui apportais le vin de *la cave et que la clef ne m'a pas quitté, et je crois utile* à la vérité de dire que M. de Bellonnet ne réclamait jamais.

D. Quel était l'ordinaire de la table des officiers ?

R. *Mauvaise cuisine, pas de variété ; elle ressemblait presque en tous points à la cuisine des soldats. Du reste, elle était faite avec celle de la troupe.*

D. Dans votre lettre, vous vous plaignez cependant qu'une pièce de vin a été bue dans l'espace de quarante heures ?

R. Je n'ai jamais entendu parler du vin qui était dans la cave et dont j'avais la clef, mais d'une seconde barrique pour laquelle je vais vous donner des explications.

Quand j'ai vu que le vin de la cave touchait à sa fin, j'ai dit à M. de Bellonnet : « Nous n'aurons bientôt plus de vin. » Il m'a répondu : « *Il faudra* en envoyer chercher à la Loupe, chez M. Luvrière, marchand de vins, que je connais. » C'est M. Arbroux qui est allé lui-même, sur un mot signé de moi, chercher cette barrique de vin, qui est arrivée le même jour. Je me trompe, le lendemain ; vers le 16 novembre, quand ce vin est arrivé, ja'i voulu le faire mettre dans la cave ; mais cet officier s'y est opposé, en me disant qu'il serait beaucoup mieux placé près de la cuisine, à l'office, où on aurait plus de facilité à en prendre que dans la cave. J'ai dû céder devant l'insistance d'un chef. C'est là où les francs-tireurs allaient chercher le vin, et un de leurs camarades, un franc-tireur, le leur vendait 50 cent. la bouteille ; et c'est ainsi que ces 220 litres ont été bus en moins de quarante heures.

D. Avez-vous prévenu le commandant des francs-tireurs de ce qui se passait au sujet de cette barrique de vin, et pensez-vous que la vente de ce vin ait été faite par ses ordres?

R. *Je n'ai pas osé prévenir M. de Bellonnet, parce que, dès les premiers jours de son arrivée, il avait été un peu sévère vis-à-vis de tout le monde, et il en imposait à tout le monde. Cependant, le connaissant mieux quelques jours après, j'aurais pu me plaindre ; mais comme je le voyais très préoccupé des affaires qui se passaient au dehors, je n'ai pas voulu lui en parler. Il est dans ma conviction qu'il ne connaissait pas ce tripotage de vin, qui n'a été fait que par des francs-tireurs de bas étage.*

D. Est-il vrai que M. de Bellonnet vous ait dit, une ou plusieurs fois, que s'il se commettait des actes répréhensibles dans le château, il y mettrait bon ordre?

R. C'est parfaitement vrai ; il me l'a dit plusieurs fois ; SI JE NE LUI EN AI PAS PARLÉ C'EST QU'IL NE S'AGISSAIT QUE DE CHOSES INSIGNIFIANTES.

D. Dans votre lettre à M. du Tillet, vous vous êtes plaint qu'on se livrait à des parties de chasse dans les dépendances de ce château. A ce sujet, qu'elles dispositions ce commandant avait-il prises pour qu'il n'y ait pas d'abus? Pour vous renseigner je vous donne lecture de ce qu'a dit M. de Bellonnet.

R. M. de Bellonnet a dit la vérité au sujet de deux parties de chasse qui ont eu lieu, auxquelles *il n'a pas même pris part*, et j'ajouterai même qu'une fois à table, il m'avait dit en causant : « Comment, M. Cachin, dans une propriété comme celle-ci, nous ne mangerons pas un chevreuil.» Je lui répondis que nous pourrions essayer, mais l'essaie n'en a pas été fait et il n'en a pas été question. Il est très vrai, comme l'a dit le commandant, que du moment où je vivais à table, j'avais orné mon chapeau tyrolien de plumes de coq de bruyère ; quant aux précautions, il avait donné l'ordre que ses officiers ne s'absentent pas longtemps et avait fixé à deux heures la durée de leur absence.

D. Pouvez-vous nous affirmer que la maîtresse de M. Bellonnet était la catinière?

D. Je ne puis pas me prononcer à ce sujet, n'ayant rien su qui me donne à penser. Comme je vous l'ai dit plus haut, il aurait été possible au commandant d'aller dans sa chambre, dans celle de la cantinière, mais je n'en sais rien, du reste il *m'a toujours* semblé qu'elle servait plutôt de domestique que d'autre chose.

D. Y avait-il du linge dans la chambre de M. Rey de Bellonnet?

R. Non, la commode était vide.

D. Et dans la chambre de la cantinière!

R. Les meubles étaient vides.

D. Comment se fait-il alors que par votre lettre à M. du Tille t et à M. Gabriel, vous ayez accusé M. Rey de Bellonnet d'avoir pris des chemises à M. du Tillet et à M. Gabriel, son fils?

R. Je relis ma lettre dans laquelle je vois ces mots : « Victorine m'a dit qu'il avait volé des chemises, » Je n'ai jamais voulu dire que ce mot *qu'il* se rapportait à M. Rey de Bellonnet, j'aurais dû écrire *qu'ils*, parce que Victorine et moi nous entendions parler de toutes les personnes qui habitaient, ou mieux, qui allaient et venaient au premier étage, où le vol de ces choses a été commis, *mais je ne l'attribue certainement pas à M. Rey de Bellonnet.*

D. Je vous poserai la même question pour la cantinière, car, elle aussi, vous l'avez accusée d'avoir volé dans un placard servant de garde-robe à M^{mo} du Tillet, en faisant sauter la gache de la porte, des robes et d'autres effets, de plus, vous l'avez également accusée d'avoir fouillé et refouillé dans une malle appartenant à M^{mo} de Noue, où elle aurait puisé à deux mains. Dites-nous sur quoi vous avez basé cette accusation ?

R. Sur ce qu'elle est femme, et qu'une femme seule pouvait commettre ces vols; mais je dois le dire, ni moi ni d'autres employés du château, n'avons rien vu en possession de cette cantinière; je ne pensais pas, en écrivant cette lettre à M. du Tillet, *qu'elle paraîtrait en justice et que je viendrais, par ce fait,* un accusateur, c'est une opinion voilà tout, mais je n'ai pas de preuves à l'appui.

D. Vous avez également signalé la disparition de quatre flambeaux, de quatre couvertures de laine et de deux verres émaillés, ainsi que de deux vases de chine, avec dessous, et ces vols seraient encore attribués à M. Rey de Bellonnet. Donnez-nous des explications?

R. Pour les quatre flambeaux et les couvertures de laine, on les a vus à Bellaumer, en possession des francs-tireurs, *ce n'est donc pas le commandant qui les a prises, ou qui les a fait prendre;* pour les deux verres émaillés, c'est M. le capitaine Munier, lui-même, qui m'a dit qu'ils étaient dans le fond du sac du commandant, ainsi que d'autres porcelaines que je ne connais pas; bien mieux, c'est ce même capitaine qui m'a dit que M. Rey de Bellonnet avait volé une paire de molletière à M. du Tillet, deux lorgnettes, deux paires de bottes, et que ces objets se trouvaient encore et toujours dans le sac du commandant, c'est donc à M. Munier qu'il faut s'adresser pour les accusations portées contre M. Rey de Bellonnet et non à moi, et certainement si ce capitaine ne m'avait pas dit tout cela, *je n'aurais jamais songé à en accuser le commandant.* Ce capitaine se trouvait toujours à ma droite, à la table, et c'est là, qu'en mettant sa main devant sa bouche, qu'il me faisait ces dénonciations. C'est même à table qu'il m'a prévenu qu'on allait enlever les vases de chine, le soir même, j'ai naturellement pensé que ce serait le Commandant qui les ferait prendre, et alors, pour les sauver, je les ai enfermés.

D. Pourriez-vous nous dire pourquoi M. Munier faisait ces dénonciations?

R. Je n'en sais rien ; mais je lui ai dit : Vous qui paraissez bien avec le Commandant, dites-lui donc de ne pas prendre toutes ces choses, ou de me les rendre, et que je garderai le silence sur ces faits, e: M. Munier me disait : *Nous verrons,* j'ai beaucoup d'autorité, je n'aurais qu'à mettre une casquette au bout de mon sabre, et plus de soixante hommes me suivraient.

D. N'avez-vous pas remarqué quelques sentiments d'animosité entre M. Munier et M. Rey de Bellonet ?

R. *De la part de M. de Bellonet, non, puisqu'il était le commandant,* mais je ne pourrais pas en dire autant de la part de Munier, qui s'est plaint à moi-même de ce que M. de Bellonet avait, de son autorité privée, nommé M. Bonnet à l'emploi d'adjudant-major sans avoir procédé à cette nomination par des élections. J'ai à reprocher à cet officier (M. Munier), d'avoir eu l'indélicatesse de prendre dans l'atelier de peinture des peintures pour peindre le tonnelet de la cantinière.

D. Il a été trouvé dans le sac d'un franc-tireur de l'Hérault un cachet que nous vous présentons, le reconnaissez-vous ?

R. Parfaitement, c'est celui de M. du Tillet.

D. Dans quel meuble a-t-il été pris ?

R. J'ignorais complètement l'affaire de ce cachet, c'est M. du Tillet qui me l'a apprise dimanche dernier à Nantes, où *je suis allé le trouver pour lui remettre cette assignation.*

D. Avez-vous vu ce cachet dans le secrétaire à cylindre pendant le séjour des francs-tireurs de l'Hérault à la Hallière ?

R. Non ; je sais seulement que quand M. du Tillet se trouvait dans le bureau il a quelquefois cacheté des lettres avec un cachet semblable.

D. Je désire savoir, et à ce sujet rappelez bien vos souvenirs, si ce secrétaire avait été fermé à clef par votre maître avant son départ de la Hallière, et si après le départ des francs-tireurs de l'Hérault, c'est-à-dire le 18 novembre, vous avez constaté que ce même secrétaire ait été fracturé ou forcé ?

R. « Je puis affirmer que je n'ai pas CONSTATÉ D'EFFRACTION » A CE MEUBLE, QUE LA SERRURE EST RESTÉE INTACTE *ce qui me* » *fait supposer que M. ou Mme du Tillet ne l'avaient pas* » *fermé, les fractures qui ont été constatées après ont été* » *faites par les Prussiens.* »

D. M. de Bellonet étant accusé d'avoir volé ce cachet, pourriez-vous nous fournir quelques indices à ce sujet ?

R. Comme je vous l'ai dit, M. de Bellonet a couché un ou deux jours dans ce cabinet, puis il s'est transporté dans une autre chambre à l'autre extrémité du château et dans la pièce où se trouvait ce secrétaire à cylindre, il y venait plusieurs personnes, des officiers, des ordonnances, et *ma conscience ne peut pas plus attribuer ce vol à M. de Bellonet qu'à un autre.*

D. Connaissez-vous cette brosse en caoutchouc qui doit servir à faire des frictions?

R. Je ne la connais pas.

D. En somme, je vous adjure de dire en toute franchise les faits répréhensibles, les déprédations, les vols, les exigences, la tolérance aux francs-tireurs de voler ou de piller qui incomberont à M. de Bellonet, nous cherchons la vérité et puisque vous avez dénoncé tous ces faits, c'est à vous de nous éclairer.

R. Je répète ce que je vous ai déjà déclaré et que je renouvelle encore; c'est que si M. Munier ne m'avait pas insinué, je ne sais pour quel motif, que M. de Bellonnet avait pris des bottes, des guêtres, des lorgnettes, des verres émaillés, *je n'aurais jamais soupçonné M. de Bellonnet qui, loin de paraître se livrer au pillage et au vol, l'avait empéché plutôt et, à ce sujet, il me revient à la mémoire ce fait : M. de Bellonnet, ayant su par le capitaine Munier qu'il y avait eu des vols commis à La Hallière, avait fait paraître un ordre du jour, par lequel il faisait connaître aux francs-tireurs qu'il avait connaissance de vols, et qu'une fouille des havres-sacs serait faite* avant de quitter le château. Malheureusement, cette perquisition n'a pu être faite parce que M. de Bellonnet et sa troupe ont été obligés de se retirer *précipitamment sur Digny et sur Bellaumer.*

D. Pouvez-vous nous fournir quelques renseignements sur la lettre du 21 décembre dernier, signée *Alphonse Drouaud?*

R. Je n'ai pas d'autre renseignement à fournir que ceux renfermés dans la lettre elle-même, par laquelle vous voyez que le commandant Rey de Bellonnet s'est emparé de la voiture et des deux chevaux de M. Riderot, à qui les chevaux appartenaient, et de la voiture qui appartenait à M. Bellau, tous les deux fermiers, de M. du Tillet. Cette lettre, adressée par Drouaud à son maitre, M. Riderot, m'a été remise par ce dernier, le matin même de mon départ de La Hallière.

D. Fournissez-nous des renseignements sur la plainte de M. Bellau, relativement à des réquisitions faites de vive force, par le commandant Rey de Bellonnet, pour prendre quatorze moutons, qui n'ont pas été payés, et sur la violence exercée par ce même Commandandant sur M. Bellau, en le souffletant et en le menaçant de le faire passer devant une Cour martiale ; la voiture réclamée par M. Bellau est, sans doute, celle dont nous venons de parler et qui est mentionnée dans la lettre de Drouaud ?

R. Le 13 ou le 14 novembre dernier, après le repas du matin, M. Rey de Bellonnet dit à M. Munier, en me regardant, qu'il faudrait faire des réquisitions pour se procurer des moutons et qu'ils seraient payés par lui. Je pris alors la parole et lui dis : « Mon Commandant, il est très facile de vous les procurer, et pour cela, vous pouvez vous adresser à ce fermier, M. Bellau, qui est un très brave homme ; » le Commandant a chargé M. Munier de s'en occuper. On est allé chez M. Bellau, qui a remis, un jour, trois moutons, un autre jour cinq, et quant, arrivé au chiffre *onze*, *M. Rey de Bellonnet a fait prévenir M. Bellau de venir régler*, M. Bellau est arrivé, mais le compte n'a pu être réglé, parce que M. Bellau demandait 20 francs par tête de mouton, et que MM. Arbroux et Lanquine disaient qu'ils n'en valaient que dix.

Ne voulant pas accepter ce marché, M. Bellau s'est retiré le jour même ; on envoie chercher des moutons, M. Bellau refuse d'en donner et vient au château avec les hommes, dire au commandant pourquoi il se refusait d'en donner désormais. En entrant dans la cour qui est désignée sur le plan : « Cour de la ferme, » sur le rapport que les hommes avaient fait à M. Lanquine, cet officier l'a souffleté et le sieur Bellau a été conduit de force dans la cour d'honneur, où M. Rey de Bellonnet l'a souffleté à son tour en le menaçant de le faire passer devant une cour martiale. Ensuite le commandant a ordonné de faire prendre les armes à 30 hommes, a fait charger les armes et les a fait placer dans la

cour de la ferme. *Ces hommes devaient emmener le sieur Bel-*
lau à un autre commandant que je crois être M. de la Fer-
ronaye. Un des francs-tireurs m'a engagé à aller parler au commandant pour obtenir la grâce de Bellau, *ce que j'ai obtenu*
très-facilement; mais pour punition à infliger à M. Bellau sur
« son refus de n'avoir pas voulu traiter sur ce *marché de onze*
» *moutons, il a ordonné d'en faire prendre trois, ce qui a eu*
» *lieu de suite.* » Pour ce qui est de la voiture, c'est bien celle
dont nous avons parlé et qui est mentionné dans la lettre de
Drouard charretier de M. Riderot.

D. Que signifie cette réclamation du sieur Riderot?

R. C'est la même affaire que celle qui est relatée par la lettre
du charretier Drouard. Il y a seulement à ajouter qu'ils auraient
pris trois moutons avec l'intention de les payer, mais ce qu'ils
n'ont pas fait. Quant aux poules, les francs-tireurs leur faisaient
la chasse, et ils en ont pris de quinze à vingt. En ce qui concerne
le cheval, un harnais et d'autres effets que les francs-tireurs de
l'Hérault auraient pris près de Condé, M. Riderot pourra fournir des explications.

De nombreuses interpellations sont adressées à Cachin
par le Conseil, qui lui signale toutes les différences entre
cette déclaration et celles des lettres. Cachin balbutie,
ne sait trop que répondre, essayant de rejeter sur le capitaine Munier, la responsabilité de la dénonciation contre
Rey de Bellonnet, affirmant n'avoir rien vu de grave fat
par l'accusé.

Après Cachin viennent les fermiers de La Hallière, au
sujet des requisitions des moutons. M. Rey de Bellonnet
proteste contre ces dépositions faites plus de deux mois
après, et dans des conditions bien étranges, puisque c'est
Cachin, sous la dépendance duquel se trouvent ces fermiers, qui a porté les plaintes de ces individus qu'on n'a
pas entendu comme témoin dans l'instruction.

M. Apté. Si on ne les a pas entendus dans l'instruction, c'est qu'on voulait éviter des frais.

Mᵉ Lulé-Dejardin. Singulière et étrange économie,
quand on a entendu dans tous les coins de la France,
les témoins les plus inutiles, et qu'on ne prend pas les
déclarations les plus indispensables! Enfin...., nous verrons dans la plaidoirie ce qu'il faut penser de tous ces
agissements.

Divers autres témoins sont produits. Il n'y a eu de vé-
r'tablement dramatique que la déposition de M. Munier.

M. Munier est un homme de quarante ans environ, ancien soldat, engagé volontaire dans les francs-tireurs de
l'Hérault, ancien correspondant du *Monde illustré*, suppléant du juge de paix de Frontignan, marié. Il s'avance
péniblement appuyé sur deux crosses. Il a reçu une
blessure grave au pied. Il dépose des faits déjà connus,
avec une netteté, une précision remarquables. Il rend
hommage à son commandant, le plus énergique et le
plus aimé des chefs. Il parle du séjour à La Hallière, de
l'intimité de Cachin avec tous les francs-tireurs, et surtout avec les officiers, c'était lui qui proposait les parties
de chasse, qui regrettait de n'avoir pas de vieux vin à
nous donner, qui nous fredonnait toutes les fanfares de
chasse de M. du Tillet, qui était l'homme aimable de la
société..... et cependant je me méfiais de lui, je ne sais
pourquoi dans son langage mielleux je trouvais un hypo-
crite, aussi, quand il nous joua le tour des chandelles,
refusant de nous en donner, alors qu'il en avait plusieurs
livres dans la chambre où je l'avais trouvé en compagnie
de Mˡˡᵉ Florence étendue sur un bon fauteuil; je dis à

l'officier qui se rendait à Digny, avec lui : « Si Cachin vous mène vers les lignes prussiennes, brûlez-lui la cervelle, car ce serait un traître.

M. LE PRÉSIDENT, au témoin. Vous savez que Cachin prétend que c'est vous qui lui auriez confié que Rey de Bellounet avait volé beaucoup d'objets au château.

R. Je l'ignorais ; mais s'il dit cela, cet homme justifie bien ce que je pensais de lui, c'est un misérable.

Cachin est rappelé sur la demande de Mᵉ Lulé-Déjardin.

Il répète ce qu'il a dit.

Munier se lève, et avec une indignation qu'il est impossible de dépeindre, il jette à la face de ce témoin les protestations les plus énergiques. Il adjure le Conseil d'ordonner son arrestation et celle de Cachin..... Il y a un faux témoin entre lui et Cachin, et il doit être puni.

Cet incident produit une vive impression sur l'auditoire, et donne lieu à des commentaires très vifs.

L'audience est renvoyée au lendemain.

A l'ouverture de l'audience, un nombreux public envahit l'auditoire. M. le commandant Apté lit le réquisitoire suivant, que nous résumons de notre mieux :

MESSIEURS,

Hier, par l'attention scrupuleuse que vous avez prêté à ces débats, vous avez prouvé votre noble intention de faire bonne justice. La nuit porte conseil, on pourrait croire peut-être à ce que je me laisserai aller à m'étendre démesurément et avec instance, avec acharnement sur la gravité des actes reprochés aux prévenus en m'étudiant à faire ressortir à vos yeux toute la culpabilité entourée de ses circonstances aggravantes de diverse nature.

Eh bien ! non Messieurs, je ne me laisserai pas entraîner dans cette voie, sur cette pente, parce que, d'abord, mon intention n'est pas, après mûre réflexion, de sortir de mon sujet. Lorsque l'apaisement est loin d'être fait et lorsque les passions nobles ou mauvaises fermentent chaudement dans les cœurs des Français divisés sur certaines questions, mais néanmoins unanimes et battant à l'unisson lorsqu'il s'agit d'honneur et de patrie.

Je me renfermerai strictement et imperturbablement dans la série des faits accomplis, acquis aux débats et je me contenterai, pour tout exorde, pour tout préambule, pour toute entrée en matière de vous dire : La presse française est d'un touchant accord pour signaler au monde civilisé les exactions, les déprédations, les cruautés inutiles commises par les armées étrangères sur le sol de notre chère patrie, dans le cours de la guerre implacable qui vient de nous être faite par les hordes innombrables des barbares du Nord.

Tous les journaux français et étrangers se sont complu et se complaisent encore à signaler à l'indignation générale les larcins, que dis-je, les vols avec violence, les réquisitions outrées, les rapines de troupeaux, de meubles, de *pendules*, je souligne ce mot, faits par les Prussiens dans les localités, villes ou villages qu'ils ont souillés de leurs passages, comparables aux traces que laissent sur les champs de l'Atlas africain, les nuées de sauterelles émigrant du désert.

Eh bien ! Messieurs, tout ce que l'on peut, avec raison et sans la moindre exagération, reprocher aux armées allemandes, aurait-on bonne grâce de le constater et de le signaler à l'indignation publique avec tant de persistance et de poids, si on pouvait laisser planer, sans en faire bonne justice, des soupçons et même des certitudes analogues sur des soldats français.... ?

On trouverait très mal que quelques allemands, peu surveillés par leurs chefs, s'imposassent de leur autorité et par la force chez des paysans et y fissent des réquisitions de moutons et de boissons, et on trouverait tout naturel que des francs-tireurs ou autres soldats français se livrassent, sur leurs concitoyens, à des violences de la nature de celles qu'on reproche si haut et à si juste titre aux envahisseurs du sol national ! Non, Messieurs, cela ne saurait marcher de front, ce serait la négation de la justice, de l'équité et du plus simple bon sens.

On ne saurait admettre un pareil principe, et j'ai la confiance que pour votre part vous ne le consacrerez pas.

Après cet exorde que nous avons textuellement sténographié, M. le Commissaire du gouvernement examine les charges qu'il développe contre les accusés. Il parle de la vie aventureuse de Rey de Bellonnet auquel il ne p'ut, pièces en main, reprocher rien de grave dans son passé.

Quant à Roux, sa vie sort de l'ordinaire. Il a figuré dans un procès célèbre ou il a été diversement jugé, par les uns comme victime, par les autres comme acteur coupable. Depuis il s'est fait garde-champêtre, c'est là que la révolution l'a trouvé.

Le commandant fait l'historique des francs-tireurs à La Hallière; les francs-tireurs s'y sont très mal conduits. Ils croient avoir droit au feu et à la chandelle, c'est une erreur, les termes de la loi, à cet égard doivent être interprêtés ainsi : le soldat peut prendre la place au foyer domestique, mais il ne peut réquisitionner des chandelles. Les procédés de ces soldats sont violents; on dit au régisseur : « Vous allez atteler votre cheval, monter » avec nous dans votre voiture, chercher à Digny de la » chandelle. » On le menace. Il y a un franc-tireur armé. Ce n'est pas là la réquisition puisque c'est le château de La Hallière qui a payé, et non les francs-tireurs.

A La Hallière, les soldats sont dans les dépendances, les officiers dans le château.

Cachin a peur. Il fait ce qu'on lui dit. Il hurle avec les loups, il s'exécute, il donne une large hospitalité, mais pas de bon cœur.

Quant à Cachin, la défense en fera ce qu'elle voudra. Je le lui abandonne. Il est probablement de ces régisseurs de grande maison dont on a dit : « Je ne veux pas renvoyer celui que j'ai enrichi, parce qu'il me faudrait enrichir celui qui le remplacerait. »

Mais enfin on intimide les paysans, les fermiers, et on réquisitionne dix-sept moutons que l'on ne paiera jamais.

On réquisitionne une barrique de vin ; cette pièce a été bue dans cinquante heures ; on la laisse près de la cuisine ; le vin se débite. Il n'y a pas de comptabilité..... Si M. de Bellonnet a du cœur, à coup sûr son cœur n'a pas d'ordre. Aussi à La Hallière, désordre, dégâts, réquisitions, vols, voilà ce qui s'est passé.

Plus tard, que fait Rey de Bellonnet? Il adresse de Mamers une dépêche au ministre de la guerre..... Rien que ça..... Après un échec, il blâme les chefs, parle de l'indicipline de l'armée.

A Juvigny-Lévêque, Rey est appelé devant un Conseil d'enquête et acquitté. Pourquoi..... était-il poursuivi? Je n'en sais rien.

Le commandant suit la vie de Rey jusqu'à son arrestation à Bordeaux, et il ajoute : M. Allain-Targé connaît l'accusé, aussi quelques jours après, le ministre de la guerre, Gambetta, donne un ordre de mise en liberté de Bellonnet.

Gambetta devait-il faire ce qu'il a fait? Non, évidemment! C'était une illégalité! Le général avait seul le droit d'agir ainsi.

Rey est en liberté ; une monstrueuse réquisition du préfet, M. Allain-Targé, à la gare, permet à ce franc-tireur de se rendre à Montpellier.

Maurice Roux est arrêté, un maladroit sous-préfet de Barbezieux fait un inventaire insensé des marchandises de la charrette de Roux. — Il ne peut pas justifier de l'origine de la propriété ; donc il est coupable puisqu'un cachet a été volé au château et se retrouve dans les bagages ; tous les chefs d'accusation sont prouvés. Pour le grade : Rey n'a que la commission de capitaine. Pour le pillage : il est positif, rappelez-vous les prétendues réquisitions. Pour l'abandon du poste : il ne devait pas être à Bordeaux, mais bien à Laval.

Quant aux francs-tireurs, ils ont fui comme des nuées de corbeaux. A tort ou à raison, les corps des francs-tireurs ont été discrédités..... Et le régisseur Cachin avait bien raison, après ce que nous savons, de dire qu'il craignait davantage les francs-tireurs que les Prussiens.....
(Explosion de murmures dans l'auditoire).

Le ministère public continuant sa phrase : Je persiste dans toutes mes accusations contre les deux accusés.

M⁰ Lulé-Déjardin prend immédiatement la parole, au milieu d'un silence profond, et s'exprime ainsi :

Messieurs,

L'accusation dit à M. Rey de Bellonnet :

» Vous êtes un homme vain, orgueilleux, vous parant des » plumes du paon, je vous reproche d'avoir porté les insignes » d'un grade que vous n'aviez pas....

» Vous êtes le dernier des forbans, oubliant votre naissance, » votre fortune, vous avez pillé un château, et vous n'avez usé

» de votre autorité de chef, que pour rendre vos soldats compli-
» ces de vos crimes, c'est pour cela que je vous poursuis comme
» voleur avec effraction.

» Vous êtes enfin un lâche, parce que vous, qui vous vantez
» tant de votre courage, vous avez abandonné votre poste devant
» l'ennemi. »

Tel est le langage cruel et odieux que M. Rey de Bellonnet vient de subir, il n'aurait jamais eu la force de le supporter, s'il n'avait su à quels juges il avait affaire, bien persuadé que dans quelques instants vous allez prononcer la plus éclatante des réhabilitations... j'ai une longue carrière à parcourir; le dossier est volumineux, les charges multiples; mais je le dis, quand un avocat a comme moi la plus absolue pensée qu'il défend un innocent, il sent ses forces se doubler, pour faire passer dans l'esprit de ses juges, la conviction qui le déborde.

Je prends l'engagement de vous démontrer ce que j'avance, article par article, et malgré l'acharnement du ministère public, il n'aura pas, j'en suis sûr, la pensée de me répliquer.

Il est fâcheux qu'au milieu des préoccupations actuelles, on ne puisse pas donner à ces débats une immense publicité!!! Ce serait un enseignement et une leçon, car la France entière apprendrait sur quelles charges on a osé jeter et maintenir en prison l'honnête homme que je défends.... Il trouvera dans les sympathies publiques de toutes les opinions une compensation, mais jamais il ne pourra oublier les douleurs d'une captivité imméritée.

Et d'abord, Rey de Bellonnet, qu'est-il? On a fouillé toute sa vie, il n'a rien caché..., et n'aurais-je que les renseignements émanant de son pays natal, et qui vous ont été lus par M. le commissaire du gouvernement, que vous sauriez déjà ce que fût son passé; mais je veux demander au dossier lui-même des documents bien importants, et qu'on a eu le soin de vous laisser ignorer — Je ferai peu de commentaires, ce sera le meilleur moyen de prouver à ceux qui accusent mystérieusement ou ostensiblement M. Rey de Bellonnet, qu'ils avaient en mains toutes les pièces qui devaient établir sa culpabilité!!! Mais enfin, ne pénétrons pas trop dans les pages de ce dossier, ne nous souvenons pas de certaines lettres intimes où de grands personnages, *se tutoyant*, poussent à une répression sévère! de ces pièces nous n'en parlerons plus, ne nous emparant, comme c'est notre droit, que des plaintes et dénonciations, base de la poursuite. Voyons donc, si M. de Bellonnet a eu des défaillances d'honorabilité, ainsi que le lui dit dans un langage *si modéré* le ministère public.

Rey de Bellonnet a 43 ans; célibataire, il était en dehors de l'appel aux armes, que lui importe!!! Aucun lien ne le rattachait à femme ni enfants. La Patrie était en danger; il croit pouvoir lui être utile. Il quitte tout, un père vénéré, une mère adorée; il abandonne le bien-être d'une grande maison; la chasse, une de ses plus vives passions; il arrive à Montpellier; on veut former un corps de francs-tireurs; il se présente un des premiers, mais il s'inscrit comme simple soldat; le choix de ses camarades vient le sortir de l'obscurité dans laquelle il voulait vivre. Il est nommé à l'unanimité, moins sa voix, commandant en chef des francs-tireurs de l'Hérault!!...

Le corps est formé militairement; il se compose d'hommes d'élite pour la plupart, quelques-uns ayant d'immenses fortunes, mais tous vouant au bout de quelques jours, une affection et une obéissance sans limites à leur chef.

Ils partent ces francs-tireurs, le plus tôt possible, vers l'ennemi; et vous allez voir comment ils se comportent au feu. Leur conduite est la réponse anticipée aux *innocentes* épigrammes de mon vénérable contradicteur.

Il est de mode aujourd'hui d'attaquer les francs-tireurs, et parce que sur le grand nombre de ces soldats il a pu y avoir des hommes indignes de figurer dans notre armée, est-il raisonnable et loyal de faire de l'exception la règle et d'oublier les grands services rendus, pour ne se souvenir que des fautes commises?

Et puis, voyez-vous, quand l'histoire parlera des francs-tireurs de Lipowlski, du commandant Dolfus, de l'illustre alsacien Keller, elle pourra leur rendre le même hommage que nos cruels ennemis, lorsqu'après l'armistice, se souvenant du mal qu'ils leur avai fait, ils demandaient comme première condition le désarmement de ces corps...

Passons donc sur cet incident soulevé par le ministère public, et rappelons-nous seulement que nous avons assisté à ce singulier spectacle ; que se souvenant sans cesse de sa profession d'accusateur, mon contradicteur a successivement frappé de sa parole presque tous ceux qui avaient figuré dans ce procès ; le ministre de la guerre... tombé (bien entendu) ; l'ex-préfet de la Gironde, qui aurait fait une réquisition monstrueuse *(sic)* au chemin de fer, pour donner gratis le parcours à M. Rey de Bellonnet... Il n'est pas jusqu'à l'obscur sous-préfet de Barbezieux auquel on n'ait dit, dans un langage plein de grâce, qu'il était un *maladroit* et *avait fait un* inventaire *stupide* des objets trouvés sur la charrette de Maurice Roux !

Voici donc les francs-tireurs de l'Hérault arrivant sur le champ de bataille..... Je n'ai pas à faire leur histoire..... Je reviens à M. Rey de Bellonnet ; qu'était-il ? Je lis :

« Avant de partir de Montpellier, dit M. Crémieux, délégué
» des francs-tireurs de l'Hérault, je n'ai pas cessé, concurrem-
» ment avec lui, de m'occuper de l'organisation des corps. Les
» rapports suivis que j'ai eus avec lui me l'ont fait connaître
» comme un homme droit et loyal. D'après ce que j'ai appris sur
» les faits qui lui sont reprochés, il me paraît que M. Rey de
» Bellonnet a été incapable d'y avoir participé !... »

M. Fabvre, notaire, suppléant du juge de paix :

« Le séjour dans Florensac de Rey de Bellonnet ne remonte
» qu'à deux ans. Pendant cet intervalle, l'ensemble de sa conduite
» m'a paru parfaitement régulier. Il passe généralement pour être
« bon enfant et très serviable... »

M. le préfet de la Loire :

« M. de Bellonnet m'était adressé par les autorités de son dé-
» partement avec les recommandations les plus honorables ; il
» appartient à une ancienne famille ; il est aimé et respecté dans
» son pays. M. de Bellonnet est d'un caractère désintéressé et gé-
» néreux ; d'après les renseignements que j'ai eus sur lui, c'est

» un homme droit et incapable d'une mauvaise action. Je l'ai vu
» ici ouvrir largement sa bourse à ceux de ses francs-tireurs qui
» étaient dans le besoin. Je puis citer un autre fait qui témoigne
» en faveur de son désintéressement. Il avait acheté et payé,
» pour armer la troupe, cent trente fusils Enfield, et lorsqu'il a
» reçu de l'État des fusils Chassepot, il a abandonné les fusils En-
» field sans en réclamer le remboursement. En résumé, M. Rey
» de Bellonnet est un homme d'honneur, et si quelques faits re-
» grettables ont été commis par sa troupe, ce doit être à son
» insu. »

Je ne lis pas les déclarations du maire de Poitiers, des francs-
tireurs nombreux qui ont été entendus, soit dans l'instruction, soit
à votre audience, et qui tous attestent que Rey de Bellonnet était
un lion au feu et un chef idolâtré d'une sévérité extrême, mais
d'une bonté non moins grande; ne touchant pas sa solde, la lais-
sant à ses soldats, et même, en dehors de cela, leur donnant de
l'argent sur son pécule personnel. Vous avez, Messieurs, tous
ces détails trop précis pour que j'aie besoin d'y revenir

J'ai hâte de placer sous vos yeux une déposition considérable :
celle de M. Allain Targé, commissaire extraordinaire du gouver-
ment au Mans. Il va vous dire mieux que tout autre ce qu'a été
Rey de Bellonnet.

Écoutez-le...

» J'ai connu M. Rey de Bellonnet au Mans, en novembre 1870;
» j'en avais déjà entendu parler favorablement au quartier géné-
» ral de Nogent-le-Rotrou par M. le colonel, aujourd'hui général,
» Rousseau, chef d'état-major du général Fierech et commandant
» un corps d'armée. M. le général Rousseau m'avait raconté que
» M. Rey de Bellonnet lui avait rendu de très bons services sur
» la ligne du Perche et dans les petits combats qui se livrèrent,
» durant plusieurs semaines, du côté de la Loupe.

» A la fin de novembre, après les affaires de Bellmauer, et
» après la reconstitution de l'armée du général Jaurès, celui-ci
» reçut l'ordre de rejoindre l'armée de la Loire. Le Mans se trouva
» tout à coup évacué; il n'y restait que quelques centaines de

» mobiles et de mobilisés sans cohésion. M. le Préfet et moi, nous
» pensâmes que Le Mans pourrait être encore défendu si nous
» n'avions affaire, comme il était probable, qu'à des forces déta-
» chées de l'armée allemande qui allaient probablement suivre le
» général Jaurès dans son mouvement, et, par conséquent, débar-
» rasser la Sarthe. Je demandai donc au général Jaurès de nous
» laisser les francs-tireurs de l'Hérault et un bataillon de mobi-
» sés de Maine-et-Loire bien armés et quelques petits effectifs
» détachés; ce qui nous fut accordé. Je vis à ce moment M. de
» Bellonnet, et M. le Préfet de la Sarthe et moi, fûmes frappés de
» son énergie et de la manière dont il disciplinait les petits-corps
» des francs-tireurs que l'on adjoignit sous son commandement,
» et de l'intelligence avec laquelle il formula quelques proposi-
» tions pour la défense de la ville. Je dois ajouter qu'une portion
» de l'armée du général Jaurès, ne sachant pas que c'était sur ma
» demande expresse et pour garder Le Mans, que M. Rey de
» Bellonnet restait là au lieu de servir d'éclaireurs, comme à
» l'ordinaire, en conçut une mauvaise opinion. M. de Bellonnet
» était, d'ailleurs, en hostilité ouverte avec un commandant qui,
» après avoir fait preuve de bravoure dans plusieurs affaires était
» accusé d'avoir failli et d'avoir été cause d'un désastre du colo-
» nel Rousseau, »

Voilà quelle était la conduite de M. de Bellonnet jugée par les
chefs directs, par le général Rousseau, et, à votre audience, par le
brave commandant Perrot !! Pendant que le gouvernement était
à Bordeaux, nous avons vu cette nuée d'officiers de tous grades,
paradant sur nos places publiques, il y en avait presque autant
que de soldats. Ils regardaient l'ennemi de très-loin, et, à cette
époque, M. Rey de Bellonnet était à la tête de sa troupe, portant
haut et ferme le drapeau de la Nation!

Je puis donc vous le dire, et vous le direz avec moi, Rey de
Bellonnet est un brave, c'est assez dire, qu'il est digne de vous...

Je prouverai quand j'aurai terminé l'historique des faits, qu'il
a été aussi honnête que courageux.... mais, poursuivons...

Il existe dans l'Eure-et-Loir, un splendide château apparte-

nant à M. du Tillet, beau-frère du général de Noue, commandant
la division de la Loire-Inférieure. Les hasards de la guerre
amenèrent deux fois et à des intervalles rapprochés, les francs-
tireurs de l'Hérault au château de La Hallière... Après leur départ, une dénonciation insensée d'audace fut faite par le régisseur
du château, un sieur Cachin, dont le nom reviendra bien souvent
dans ma plaidoirie. Et alors la lutte commence ; aveuglé par la
colère, fanatisé par le langage de cet homme d'affaires, dans lequel il a une confiance illimitée, sans contrôler ses affirmations,
sans entendre les témoins, M. le général de Noue fait parvenir
à son ami le général Négrier une lettre dans laquelle il lui fait
part, en un style plein d'invectives violentes, contre M. Rey de
Bellonnet, des prétendus faits qui se seraient passés à La Hallière.
Puis-je adresser des paroles trop sévères à M. de Noue, que
vous allez voir poursuivre M. Rey de Bellonnet devant toutes les juridictions ? Je le devrais peut-être ; mais il répondrait
qu'il n'a eu qu'un tort, c'est d'avoir eu confiance en ce... Cachin!!
aussi je m'abstiens, mais au moins, j'aurai devant vous l'immense
satisfaction de voir juger Cachin, je ne dis pas par moi seul, par
l'opinion publique, mais surtout par lui-même ; lorsque pour
se faire bien venir de ses maîtres et obtenir une gratification, il
écrivait les infâmes mensonges qui pouvaient envoyer Bellonnet
à la mort, si les cours martiales avec leur procédure sommaire,
s'étaient occupées de lui !

Le général Chanzy transmet, par son chef d'état-major, la
plainte à l'amiral Jauréguiberry, qui convoque immédiatement un
conseil d'enquête, conformément à l'ordonnance royale du 21 mai
1836. Ce conseil est composé d'un général de brigade, de deux
colonels, et de deux chefs d'escadron.

Après avoir entendu les témoins, le prévenu, les membres du
conseil passent au scrutin secret, et à l'unanimité déclarent que
M. Rey de Bellonnet *n'est pas dans le cas d'être mis en réforme
pour fautes contre l'honneur!!!*

Je ne viendrai pas soutenir légalement qu'il y a eu chose jugée,
puisque cette commission d'enquête, convoquée uniquement en

vertu de l'ordonnance de 1836, n'était pas compétente pour autre chose que pour prononcer une peine disciplinaire. — Mais ai-je besoin d'insister pour vous faire comprendre, que si un seul des actes monstrueux, reprochés par Cachin, eut été prouvé par le conseil d'enquête, l'unanimité de la décision aurait appris à Rey de Bellonnet, qu'il devait être réformé pour fautes contre l'honneur... Cela ne se discute pas; aussi le ministère public, comprenant l'importance de cet argument, a-t-il essayé de le combattre en disant *qu'il ne savait pas* pourquoi Bellonnet avait comparu devant le conseil d'enquête.... Allons donc, est-ce sérieux, mais ouvrez donc votre dossier, où la première pièce est la dénonciation de M. de Noue, parlant *des faits de la Hallière à M. Négrier*, lequel nantit le général Chanzy, et... vous voyez donc bien qu'il suffit de relire cette pièce, pour prouver ce que vaut votre réponse....

Rey de Bellonnet pouvait supposer que tout était fini; mais hélas, il se trompait. Il comptait sans M. de Noue, l'amiral Jauréguiberry, avait eu beau écrire de sa main la lettre suivante, à Chanzy, le 25 décembre : « Le conseil est d'avis que cet officier » supérieur n'est pas dans le cas d'être mis en réforme pour faute » contre l'honneur. »

Le général de Noue, adresse malgré cela au général en chef une nouvelle lettre que je vous lis, et où vous le voyez, les épithètes de misérable, de bandit, de chef de bandits, sont prodiguées à M. de Bellonnet par M. de Noue... J'ai feuilleté bien des dénonciations dans ma vie, mais jamais dans un pareil style, quelle violence! Quel emportement! Et tout cela, parce qu'on croit Cachin!!! Alors que va faire l'autorité militaire? Un des actes les plus incroyables et que je vous signale!!! Elle vient huit jours avant de faire juger Rey de Bellonnet *comme militaire* par un conseil *d'enquête militaire*; sur la plainte du chef d'état-major de Chanzy, elle a eu connaissance par Jauréguiberry de la décision du *conseil militaire*, et cependant, le 8 janvier 1871, *le chef d'état-major* écrit au procureur de la République la lettre suivante :

Monsieur le Procureur de la République,

» Un sieur Rey de Bellonnet s'est mis *de sa propre autorité*
» à la tête d'un corps franc de troupes, qui n'a été autorisé ni par
» le département de la guerre, ni par celui de l'intérieur, ni
» même par le préfet, je vous prie donc de le traduire devant les
» tribunaux civils.

» X..., chef d'état-major. »

C'est donc sur cette pièce, que je ne m'expliquerai jamais, quand on sait les rapports fréquents de l'autorité militaire avec de Bellonnet, quand on le voit en contact avec tous les généraux sous les ordres desquels il se trouve, qu'on commence une instruction; mais il est arrêté, détenu. On l'interroge, on voit par la production des pièces, par les renseignements, qu'il appartient à l'armée. Il proteste, soit devant le commissaire de police, soit devant le juge d'instruction de son innocence... Le juge d'instruction se dénantit. L'ennemi marche sur le Mans. Le procureur de la République vient lui-même faire lever l'écrou de Rey de Bellonnet, qui part se dirigeant vers Laval, puis rencontrant des francs-tireurs il ne veut pas se mettre à leur tête, car il ne sait pas, en présence de la poursuite faite par l'autorité civile, ce que veut faire l'autorité militaire...., pour se renseigner, il vient à Bordeaux , siége du gouvernement. A peine arrivé, Rey de Bellonnet va aux bureaux du ministère de la guerre, Et c'est là, en sortant du cabinet de Gambetta, où il avait vu son secrétaire, que mon client est arrêté. Si je n'avais pas au fond, un si excellent procès, que de critiques, la loi à la main, j'aurais à adresser pour cette arrestation faite dans des conditions si étranges, si inusitées... Enfin, tout est régularisé croit-on, et c'est sous l'inculpation, *entendez-le bien, Messieurs, de détournement de fonds,* que M. Rey de Bellonnet est incarcéré! L'ordre d'écrouer le commandant est signé de mon honorable adversaire... Puis les événements marchent, Gambetta revient, il se fait rendre compte de la position de M. de Bellonnet, et le 29 janvier 1871, le ministre de la guerre enjoignait de mettre en liberté Rey de Bellonnet.

« *Ordre de mettre en liberté le commandant Rey de Bellonnet.*

    » Le ministre de la guerre,

        » Léon Gambetta. »

Bien entendu, tout le monde s'inclina devant cette volonté supérieure, et personne ne protesta contre ce qu'on appelle aujourd'hui une illégalité... Tenez, laissez-moi vous le dire ! Quand un pouvoir est debout, et qu'un acte contraire aux lois est commis, j'admire le courage de celui qui, jouant sa position, lui résiste... Je ne suis pas suspect en parlant ainsi, car tous ceux qui me connaissent savent que je n'ai, dans mon obscure sphère, jamais partagé les idées du Dictateur qui n'est plus ! Mais combien il est triste de voir les critiques amères et violentes partant de tant d'officiers, de simples citoyens qui, toujours dans les antichambres, allaient mendier places et honneurs, et qui, aujourd'hui, lui jettent la pierre !!... Pour en revenir à mon contradicteur, si Gambetta a commis la grosse illégalité reprochée, s'il a fait un acte punissable, que le Ministère public le poursuive, j'ai tout lieu de penser qu'il saura lui répondre *(Vive approbation dans l'auditoire.)*.

De Bellonnet est en liberté, il repart pour Montpellier, profitant de ce que le Ministère public appelle encore la *monstrueuse réquisition* de M. Allain Targé, au chemin de fer, arrive dans l'Hérault, est rappelé *comme témoin* à Bordeaux, dans l'affaire Maurice Roux, et après sa déposition, il est de nouveau incarcéré... C'est vous, Messieurs, qui êtes désormais destinés à lui ouvrir les portes de la prison !! Et, cette fois, j'espère que personne n'osera accuser votre acquittement d'illégalité.

Après ce long exposé des faits, il faut que je suive pas à pas les divers chefs d'accusation :

Rey de Bellonnet a-t-il pris un grade qui n'était pas le sien en portant le costume de chef de bataillon?

Vous savez que le Ministère public me dit : J'ai un titre régulier constatant que vous êtes capitaine, vous avez pris les insignes de Commandant, donc vous êtes coupable...

A quoi, je réponds : Si l'on veut assimiler les magistrats du Conseil de guerre aux juges de simple police, constatant une contravention, je m'incline ; mais, quant à moi, je ne croirai jamais que tel soit leur rôle, ils doivent considérer l'intention... Or, en le plaçant à ce point de vue, est-ce qu'un seul de vous peut avoir un doute?

Rey de Bellonnet quitte Montpellier escorté de toutes les autorités, du Préfet, du Général, il a son costume. — Avec quelle feuille de route part-il?? — Je la sors, non pas de ce que le Ministère public appelait, dans son style imagé, de ma boîte à surprises, mais de mon dossier, et je lis, que l'effectif se compose d'un OFFICIER SUPÉRIEUR, tant de capitaines, etc., etc.

Quelle est la solde de Rey de Bellonnet? Celle d'officier supérieur. — Comment lui écrit le préfet de l'Hérault, voici l'adresse : « *Le Commandant en chef* des francs-tireurs de l'Hérault?.» Comment s'exprime l'amiral Jauréguiberry lorsqu'il écrit à Chanzy pour lui rendre compte de la décision du Conseil d'enquête?

« Le Conseil a déclaré CET OFFICIER SUPÉRIEUR non coupable, etc. »

Comment parle Gambetta quand il le fait mettre en liberté ?

« Ordre de mettre en liberté LE COMMANDANT Rey de Bellonnet ! »

L'évidence ne se démontre pas, et cependant on insiste et on me répond :

« Vous pouviez être capitaine-commandant, sans pour cela être chef de bataillon... »

Fouillez toutes les pièces du dossier, et errvez si jamais, dans ces multiples documents, on donne à Rey de Bellonnet le titre de capitaine-commandant. C'est toujours le chef du corps des francs-tireurs de l'Hérault, auquel viennent s'adjoindre les Américains, les Montévidéens, les francs-tireurs de Cognac, etc., dont mon client a le commandement en chef...

Mais reportons-nous au texte même de l'accusation : elle reconnaît que Rey a un grade qu'il doit à l'élection ; laissez-moi donc vous relire la pièce émanée du comité :

« Dans la première quinzaine du mois d'octobre suivant, le co-
» mité, vu les décrets et les circulaires ministérielles concernant
» les corps francs, demanda et obtint du général commandant la
» dixième division militaire des commissions régulières pour tous
» les officiers du corps, y compris celle du commandant.

« Le commissaire délégué de l'Hérault,

« Crémieux. »

Ce fait est confirmé par la dépêche télégraphique suivante, adressée par le préfet de l'Hérault à son collègue de Bordeaux :

« Rey de Belllonnet a été élu régulièrement commandant par les francs-tireurs de l'Hérault. »

21 janvier 1871.

Mais enfin, à cet égard, pour le raisonnement, je concède tout au ministère public, et je le supplie, je l'adjure de répondre à cet argument : — Rey de Bellonnet est traduit devant un conseil d'enquête militaire ; s'il est considéré comme un simple capitaine, qui le jugera ? Ouvrez le Code militaire, article 10 :

Ce sera un colonel président,

Un lieutenant-colonel,

Trois chefs de bataillon,

Deux capitaines.

Si, au contraire, il est (ce que je soutiens énergiquement) un chef de bataillon, toujours avec l'article 10, il aura pour juges un général de brigade, deux colonels, deux chefs de bataillon.

Eh bien, rapprochez cette composition de celle du conseil d'enquête du 24 décembre 1870, et vous verrez que l'autorité militaire, par le choix même des membres du conseil, l'a pris comme un chef de bataillon, en lui accordant les juges qu'on donne à ceux qui ont le malheur de comparaître devant cette terrible juridiction.

Insister davantage sur ce point, ce serait abuser inutilement de vos moments, et j'arrive au second chef d'accusation, le vol ou le pillage du château de La Halli-re.

Posons bien d'abord les principes de responsabilité. — Un che de corps ne peut être pénalement poursuivi que pour des acte qu'il a commis personnellement ou qu'il a engagé ses soldats à commettre. — Ce n'est pas contestable... Et ici, je l'avoue, mon embarras est bien grand. Vous venez d'entendre le réquisitoire de M. le commissaire du gouvernement. Il nous a lu un très long et très intéressant travail, mais qu'il me permette de lui dire que tout cela, c'est de la fantaisie et pas de la réalité, c'est un roman qui dépeint les pillages de châteaux et de fermes, mais ce n'est pas le procès, je cherche l'accusation partout et je ne la trouve nulle part.

Essayons cependant de découvrir un point douteux et préoccupant pour vos consciences si attentives à chercher la vérité ! Il n'y a rien, rien, rien que les lettres de ce Cachin, régisseur du château de M. du Tillet...

Quel type incroyable, Messieurs, que ce domestique dont le témoignage et les réponses m'appartiennent. Ces lettres, elles m'ont indigné, c'est-il assez ! le valet, éloigné de ses maîtres, dans une crise terrible, et voulant bien se faire venir d'eux quand les francs-tireurs sont partis ! Qui a pu guider cet homme dans ses accusations néfastes ? quel est le mobile qui l'a fait agir, et qui a entraîné M. de Bellonnet dans l'abîme où il est ? Je l'ignore, mais, je l'ai dit, il y a bien des mystères dans cette affaire!.. on nous parlait de la presse, de ses récits. Eh ! bien, qui de nous ne sait, qu'au milieu de dévouements admirables, il s'est trouvé parmi les paysans qui redoutaient l'ennemi bien des défections, bien des trahisons !! Qu'est le sieur Cachin ; je tremble de me faire une opinion sur son compte, mais quand je me souviens qu'un des premiers soirs, à la suite d'allures suspectes, quand on allait à Digny, un capitaine des francs-tireurs dit à un de ses hommes : « Surveillez bien Cachin, et s'il vous conduit vers les lignes enne- « mies, cassez-lui la tête. » Quand je me rappelle que tant et tant de propriétés, de châteaux, de fermes ont été détruits, et que l'habitation de La Hallière a été respectée presque complètement par les Prussiens!.. alors je me reporte vers une phrase abominable d'une lettre à M. du Tillet, et qui a soulevé une explosion d'indignations dans l'auditoire, phrase dans laquelle Cachin dit *qu'il a été bien heureux que les Prussiens vinssent le délivrer des francs-tireurs...* J'ai dit que cette phrase était abominable, parce que Cachin va nous dire, lui-même, le cas qu'il faut faire de sa propre parole; ne croyez pas que je vais vous faire de la fantaisie dans le tableau suivant :

Un régisseur aux manières affables, accueille la visite des francs-tireurs avec plaisir, et se mettant à leur disposition, va lui-même à la cave, porte tous les jours le vin, prend ses dîners avec les officiers, chante la gaudriole, entonne les fanfares de chasse de M. du Tillet, manifeste ses regrets de ne pouvoir offrir du Bordeaux, mais M. du Tillet, dit-il, n'en porte que pour lui et dans les grandes circonstances... Ce n'est pas tout, car c'est Cachin, le Cachin des lettres, le croiriez-vous! le même qui vient de déposer, qui veut faire une surprise aux francs-tireurs, et un matin quel n'est pas l'étonnement de tous, en voyant arriver à la table, pour déjeûner, Cachin en costume de franc-tireur. Le lendemain, habillé en piqueur, il vient solliciter du commandant la permission de laisser faire une partie de chasse de 2 heures, le commandant hésite, finit par accorder, mais n'y va pas lui-même ! Puis il y avait dans le château une demoiselle Florence ou Victorine, au mieux, paraît-il, d'après l'instruction, avec cet excellent Cachin, mais qui aurait eu encore plus que Cachin le droit de porter le costume des francs-tireurs, car, si la procédure ne ment pas, elle trouva que les troupes de l'Hérault n'étaient pas bien redoutables... si cette affaire n'était pas si sérieuse, que de détails piquants pourrait me fournir la lecture de certaines pièces... C'était là le côté pittoresque et agréable de la vie des francs-tireurs de La Hallière; mais vous savez par la déclaration du commandant Perrot quelle rude existence on menait au point de vue militaire; j'ai là, pièces en mains, la preuve de toutes les reconnaissances faites, de la part prise aux combats dans les environs de Sénon-chelles, Digny, etc. Je n'ai pas à mettre les francs-tireurs sur un piédestal, j'ai seulement à défendre leur chef d'une accusation infâme.

La meilleure harmonie régnait donc entre les francs-tireurs et Cachin, qui était devenu l'ami intime, notamment du lieutenant Lanquine...

Les francs-tireurs quittent le château de La Hallière, et les Prussiens arrivent dans la nuit même; vous avez vu comment Cachin vous en a parlé, ils se sont très-bien conduits. Il y avait un charmant jeune homme, à cheval, qui a visité partout, pour chercher ces terribles francs-tireurs, il nous ont bien fait d'autres visites, mais jamais aucun dégât notable n'a été fait par eux.. Puis, quelques temps après, M. du Tillet reçoit ces lettres que je relis avec dégoût, car ce n'est pas moi qui les jugerai, c'est son auteur lui-même, Cachin.

Tout ce que l'imagination peut rêver en faits de dilapidations est là signalé, le château entier a été mis au pillage. Ils se sont emparés de toutes les clefs du vin; ils ont volé les robes de Madame, les vases de Chine, forcé les armoires, pris les moletières de M. du Tillet, faites avec une peau de serpent exceptionnel.

Si Cachin était venu ici, maintenant tout cela, je vous aurais dit de ne pas croire cet homme, car sa vie perpétuelle au château avec les francs-tireurs était la protestation la plus éclatante con-tre cette dénonciation sans nom ; je vous aurai démontré que Cachin était allé plusieurs fois dans les villes et villages voisins où étaient des officiers supérieurs, avec lesquels il a causé, et que jamais aucune plainte n'avait été portée par lui... Mais qu'ai-je besoin de discuter, je n'ai qu'à lire ma défense dans la déposition textuelle de Cachin. Comment a eu lieu cette métamorphose de cet homme? A-t-il compris qu'il allait se trouver en face du ser-ment du témoin, s'est-il souvenu qu'un des plus grands crimes est le faux témoignage ! Je n'en sais rien, mais je lis textuellement :

« D. M. de Bellonnet vous a-t-il demandé des clefs des plus
» petits meubles ?

» R. Non, Monsieur.

» Au sujet de la réquisition des chandelles, M. de Bellonet n'est
» pour rien dans tout cela.

» D. Quelles plaintes avez-vous à formuler relativement aux
» réquisitions, etc.

» R. M. du Tillet ne se plaint nullement des consommations qui
» ont ont été faites en bois, paille et cidre ; dans ces circonstan-
» ces, M. de Bellonnet m'avait dit de ne pas donner de cidre aux
» hommes, mais je lui ai répondu que j'avais ordre de ne pas en
» refuser aux hommes dans une mesure convenable.

» D. Et pour le vin ?

» R. M. du Tillet m'avait laissé la direction du château, à son
» départ pour Nantes. Il m'avait dit : Voici une barrique de vin
» qui a été mise en bouteilles, *j'entends* qu'on en donne aux mi-
» litaires qui pourraient en avoir besoin et MÊME AUX PRUSSIENS
» (long mouvement dans l'auditoire). Cette barrique a servi à la
» table où mangeait le Commandant, et *où je me trouvais éga-*
» *lement, le Commandant m'en ayant exprimé le désir d'*UNE
» MANIÈRE TOUTE GRACIEUSE... C'est moi qui apportais le
» vin de la cave, la clef ne m'a pas quitté, et je dois à la vérité
» de dire que M. de Bellonnet ne réclamait jamais.

» D. Quel était l'ordinaire de la table des officiers ? »

Écoutez bien cette réponse, le voilà à la table des officiers, où
il a été invité d'une manière toute gracieuse.

« Mais comment se nourrissait-on ?

» R. *Mauvaise cuisine, pas de variété,* elle ressemblait pres-
» que en tous points à la cuisine des soldats ; du reste, elle était
» faite avec celle de la troupe... »

Messieurs, si je ne lisais pas textuellement, sans changer une
syllabe, vous vous demanderiez quelle est la fable que je viens
développer après le réquisitoire que vous avez entendu. Lui, il
ne connaît qu'une chose : les lettres, les lettres ! C'est assez pour
faire envoyer ce malheureux au bagne ! Heureusement que les
juges ne se paient pas de cette monnaie ; mais nous ne sommes pas
à la fin.

Puis Cachin s'explique sur une autre pièce de vin achetée et vendue aux francs-tireurs. Vous allez voir quel était le chef de ce corps armé, quel était son caractère dépeint par son plus cruel ennemi.

D. « Avez-vous prévenu le commandant des francs-tireurs, et » pensez-vous que la vente de ce vin ait été faite par ses ordres ?

R. « *Je n'ai pas osé prévenir M. de Bellonnet, parce que,*
» *dans les premiers jours de son arrivée, il avait été un peu*
» *sévère vis-à-vis de tout le monde, et il en imposait à tout*
» *le monde. Cependant, le connaissant mieux quelques jours*
» *après, j'aurais pu me plaindre ; mais comme je le voyais*
» *très préoccupé des affaires qui se passaient au dehors, je n'ai*
» *pas voulu lui en parler. Il est dans ma conviction qu'il ne*
» *connaissait pas ce* TRIPOTAGE DE VIN, *qui n'a été fait que*
» *par des francs-tireurs de bas étage.* »

D. « Est-il vrai que M. de Bellonnet vous ait dit une ou plusieurs fois que s'il se commettait des actes répréhensibles dans le château, il y mettrait bon ordre ?

» *C'est parfaitement vrai, il me* L'A DIT PLUSIEURS FOIS; SI JE
» NE LUI EN AI PAS PARLÉ, C'EST QU'IL NE S'AGISSAIT QUE DE
» CHOSES INSIGNIFIANTES ! ! »

Entendez-le, Messieurs, et votre âme n'est-elle pas brisée comme la mienne par les plus cruelles, les plus poignantes émotions ? C'est là, cet homme que je tiens sous ma parole, et qui a écrit ces monstrueuses lettres à M. du Tillet ; c'est lui qui est cause que M. de Noue a remué ciel et terre pour faire rendre, ce qu'il croyait être justice ; — c'est lui qui a entassé les diffamations les plus odieuses contre ce loyal soldat, qui l'oblige à s'entendre appeler voleur par le ministère public. Et aujourd'hui, il avoue que, *malgré toutes les recommandations* du commandant Rey de Bellonnet, il ne lui a pas parlé de ce qui s'était passé, parce qu'il *s'agissait de* CHOSES INSIGNIFIANTES!!!

Vous allez voir ainsi chacune des imputations des lettres, détruites par le dénonciateur lui-même.

D. « Dans votre lettre à M. Du Tillet, *au sujet des chasses,*

» vous vous êtes plaint qu'on se livrait à des parties de chasse dans
» les dépendances du château. A ce sujet quelles dispositions
» ce commandant avait-il prises pour qu'il n'y ait pas d'abus !

Pour vous renseigner je vous donne lecture de ce qu'a dit M.
de Bellonnet.

« R. M. de Bellonnet a dit la vérité au sujet de deux par-
» ties de chasses qui ont eu lieu, et AUXQUELLES IL N'A PAS MÊME
» PRIS PART.

» Du moment où je vivais à la table des francs-tireurs, j'avais
» pris un costume pareil au leur. M. de Bellonnet avait donné
» donné l'ordre que ses officiers ne s'absentassent pas longtemps
» et avait fixé à DEUX HEURES LA DURÉE DE LEUR ABSENCE. *Je ne
» pensais pas que mes lettres paraîtraient en justice et que
» je viendrais par ce fait un accusateur.*»

Il me faudrait tout lire, j'arrive à la fin de cette déclaration
devant le commandant rapporteur, M. Davesne, qui avec une
loyauté dont tout le monde doit lui savoir gré adjure Cachin de
dire toute la vérité, et voici ces paroles que je recommande à
toute votre attention :

« *Je n'ai jamais soupçonné* (lui l'auteur des lettres, quelle
» infâmie!!!) *M. de Bellonnet, qui loin de paraître se livrer
» au pillage et au vol, l'aurait* empêché plus tôt, et à ce sujet
» il me revient à la mémoire ce fait : M. de Bellonnet ayant su
» par le capitaine Munier, qu'il y avait eu des vols commis à La
» Hallière, avait fait paraître un ordre du jour, par lequel il fai-
» sait connaître aux francs-tireurs qu'il ferait punir très-sévère-
» ment les coupables. »

Etait-ce avec mes illusions d'avocat que je vous faisais un por-
trait de celui qui est là, et qui, depuis deux jours, par la dignité
de son attitude, la fermeté de ses réponses, a conquis toutes les
sympathies ! Non, je n'ai rien chargé, j'ai lu, et le plus grand de
mes chagrins est de constater l'absence de MM. de Noue et du
Tillet, qui auraient pu voir en quelle conscience ils ont puisé
leurs renseignements. Qu'ils comparent les lettres et les dépositions de Cachin, et ils verront de quel côté est le grand coupable !!

Il faut pourtant chercher une explication à tout cela, elle est digne de Cachin, mais facile à démasquer. Parmi les officiers des francs-tireurs de l'Hérault, se trouve le vaillant capitaine Munier, que vous avez vu, hier, portant pour longtemps les traces de sa blessure reçue devant l'ennemi. Le bruit de sa mort avait couru... Cachin croit que le fait est vrai, et c'est alors que, ne sachant comment se sortir de sa lettre, il prétend que s'il a accusé Rey de Bellonnet, c'est parce que le capitaine Munier lui a dit que des objets volés, en grand nombre, au château de La Hallière étaient dans le sac du Commandant!! N'y aurait-il pas eu à votre audience, hier, cette dramatique confrontation que vous savez, et dans laquelle Munier a confondu, d'une manière éclatante, cet audacieux accusateur, que pas un de vous n'aurait pu croire au récit de Cachin... Est-ce qu'il souffre un seul instant d'examen?.. Munier, l'ami intime de Rey, son *alter ego*, échangeant, voici les pièces en mains, les ordres les plus confidentiels pour la réussite des opérations militaires, Munier réclamant sa part de responsabilité dans les faits de La Hallière, puisqu'en l'absence de Rey de Bellonnet il a été le chef des francs-tireurs, Munier, à moins d'avoir voulu faire (pardonnez-moi l'expression) poser Cachin, le nouveau franc-tireur... aurait accusé Rey, comme vous l'a dit cet homme, à table, en mettant la main devant la bouche ?

C'est absurde, voilà tout ; et c'est d'autant plus absurde, que si Munier a fait ces terribles confidences, quelle sera la conduite de Cachin s'il croit à tout cela, il vérifiera le sac, il en connaîtra le contenu, il ira prévenir à quelques pas de là, un officier supérieur à de Bellonnet, et la Cour martiale débarrassera l'armée d'un pareil misérable. Mais nullement... on continue à vivre les meilleurs amis du monde, on dîne ensemble, on parle chasse, femmes, etc., ensuite on va au combat! et Cachin ne dit rien au Commandant, parce que, c'est lui qui nous l'apprend dans sa déclaration, il ne s'est passé dans le château, *de la part des francs-tireurs, que des* CHOSES INSIGNIFIANTES.

Il y a l'histoire des moutons, reportons-nons un peu à l'époque où cela se passait. Le gouvernement, par une mesure très-sage, avait ordonné que le bétail fût éloigné de trente kilomètres de l'ennemi. Les témoins, fermiers du château de La Hallière, ont des troupeaux nombreux. Les Prussiens succèdent aux francs-tireurs ; quand ils respectent les propriétés, les maisons, ils s'emparent toujours de ce qui peut servir à l'alimentation : blés, fourrages, animaux. Les fermes des témoins sont respectées ! !

Encore un grand, très grand mystère ! !

Aussi, on ne peut croire un mot de tout ce que vous ont raconté ces individus. La question est de savoir s'il y a eu *des bons donnés au moment des réquisitions,* on n'a qu'à se rappeler que, partout et toujours, Rey de Bellonnet en fournissait, même pour des sommes de 3 fr. 50 de chandelles, etc., qu'il affirme en avoir donné, seulement il ne voulait pas payer le double de la valeur. Des contestations se sont élevées au sujet du prix des moutons.

Pour ces moutons, que fait Rey de Bellonnet ? Il demande à Cachin ce qu'ils valent ; il le lui indique au maximum, Rey de Bellonnet offre ce prix à Bellau, il refuse ; alors il lui dit d'aller à la ville voisine, où se trouve un comité chargé de régler les difficultés entre les troupes et les habitants ; mais Bellau n'accepte pas, et l'ennemi, avançant à marches forcées, chasse devant lui toutes les troupes, et les 200 fr. de moutons ne sont pas réglés.

Entre les deux versions de Rey de Bellonnet et de Bellau, peut-on hésiter ? Mais quels sont les témoins ? Tous des gens sous la dépendance de Cachin, demeurant dans les métairies du château, gardant le silence pendant de longs mois, et ce n'est que quand Cachin vient porter sa plainte qu'il faut l'étayer, y donner un corps, la fortifier, et que nous le voyons arriver devant la justice avec les deux déclarations écrites de mains différentes, par Bellau et l'autre témoin... Et voyez, Messieurs, avec quelle réserve il faut prendre la déclaration de certains témoins : l'un d'eux est un réfractaire, il l'a avoué à votre audience, essayant de dire que, si malgré ses vingt et un ans il n'était pas parti, c'était parce qu'il était fils de femme veuve. Vous auriez donc pu avoir à juger cet homme comme insoumis, et c'est lui qui gardait ses moutons, attendant avec un grand calme l'ennemi.

Mais, quant au dernier témoin, sa déposition est-elle assez clairement mensongère, vous savez comment il s'est exprimé, avec quelle voix dolente il vous a dit qu'on avait réquisitionné la charrette, *et lui* il avait été obligé de suivre ces affreux francs-tireurs, qui ne l'avaient pas payé, lui donnant une fois 30 sous, et l'autre fois 10 francs. — Rey de Bellonnet proteste avec énergie, on a le droit de ne pas le croire, il est accusé!! L'instruction marche devant vous, un témoin à décharge, le fourrier, est appelé, et il confond le charretier de telle façon, qu'il est obligé d'avouer que non-seulement on l'a payé, comme il devait l'être, mais que de plus on l'a nourri avec un autre franc-tireur!! Voilà le cortége de témoins de La Hallière... Ai-je à insister sur tous ces détails davantage!! Non... sur ce séjour à La Hallière, il est un fait qui domine les autres, et qui va, avec toute son éloquence, vous démontrer ce qu'a été ce corps si critiqué aujourd'hui. Il y avait dans ce château un modeste jardinier qui, lui, ne croyait pas aux vertus des Prussiens, il avait entendu dire qu'ils ne respectaient rien, ni propriété, ni femmes, ni enfants! Que faire? que devenir? on sait qu'ils approchent. Il avait deux jeunes filles, l'une de seize, l'autre de dix-huit ans! Ce trésor-là va peut-être lui être ravi et, dans quelques instants, sous ses yeux, sa honte va être consommée! Il n'hésite pas, il va trouver le commandant Rey de Bellonnet, se jette à ses pieds et lui demande de se charger de ce dépôt sacré, jusqu'à dix kilomètres, où sont des membres de sa famille... Rey de Bellonnet accepte... Il prend ces jeunes filles effarées, les fait entourer de tous les respects, et est assez heureux pour pouvoir les remettre à la destination fixée!! C'est ainsi, qu'en fuyant, les francs-tireurs de l'Hérault se comportaient. C'est ainsi que Rey de Bellonnet comprenait sa mission, emportant les bénédictions d'une famille qu'il sauve du déshonneur... Eh bien! allez donc maintenant demander au jardinier de La Hallière ce qu'il pense de celui que vous accusez avec tant d'énergie! Tous les pères de famille vous diront ce qu'il vous répondra.....!! *(longs applaudissements.)*

Il me reste à examiner le dernier chef d'accusation, que le ministère public semble avoir abandonné, ne pouvant trop comprendre dans la forme même du réquisitoire s'il maintient les autres!!! Je vous ai démontré jusqu'à la dernière évidence, l'innocence éclatante de Rey : que fait-il? abandonne-t-il son poste? et où était-il son poste? Il sort de prison, c'est le procureur de la République lui-même qui le met en liberté.... mais qui ne lui parle pas de l'ordonnance d'incompétence rendue par le juge d'instruction.... Dès lors, où va Rey de Bellonnet, se dirige-t-il vers Montpellier, et lui qui avait marché toujours droit au danger, quand la France était debout, et qu'il devait rencontrer l'ennemi à forces inégales... fuira-t-il? Non, il se rend à Laval, au quartier-général, il s'informe, il demande quelle est la situation, on ne sait que lui répondre, fort anxieux, il craint en prenant l'uniforme d'usurper un grade, et il vient se renseigner à Bordeaux auprès du gouvernement. Il voit Gambetta, ou plutôt son secrétaire, qui a été entendu dans l'instruction, et qui déclare, lui aussi, que quand Rey de Bellonnet fut au ministère, il demanda avis sur ce qu'il avait à faire, puisqu'on lui contestait son grade, et c'est le lendemain, en sortant du cabinet du ministre qu'il est arrêté par deux gendarmes.

Voilà donc toute la vérité sur cette triste et presque célèbre affaire qui a soulevé autour d'un homme profondément digne d'estime tant de passions injustes. Que de réflexions on peut faire, en songeant qu'avec rien, en plein XIXe siècle on peut échafauder tant de préventions et jeter au front d'un homme la honte et l'ignominie.

Je m'arrête, car chaque minute de plus est une minute de liberté et de bonheur arrachée à Rey de Bellonet!!.... Nous assistons, Messieurs, à des événements lugubres depuis quelques jours. Ai-je besoin de vous dire en politique que je suis et serai toujours du parti de ceux qui exècrent et maudissent les assassinats, depuis ceux de Louis XVI, du duc d'Enghien, du général de Bréa, jusqu'à l'épouvantable forfait qui a ensanglanté la capitale, en privant la patrie d'hommes tels que Clément Thomas et le général Lecomte... eh bien, peut-être que dans quelques instants, le gouvernement, le seul auquel on doive obéissance, va faire un suprême appel au pays en appelant au secours de la Nation les volontaires de la France ! C'est le moment pour les honnêtes gens de se compter. Bellonnet attend votre décision pour mettre sa vaillante épée au service de la France, après avoir embrassé sa pieuse et sainte mère ! Oui ! Messieurs, dans quelques instants, le télégraphe, cet instrument inconscient de nos joies et de nos douleurs, ira trouver Mme de Bellonnet, qui pleure et qui prie, et lui dira votre verdict, alors elle ne prononcera pas cette parole désormais anti-française : « Il y a des juges à Berlin ; » mais elle pourra s'écrier en vous bénissant : « Il y a des juges à Bordeaux ! » *(Longue sensation.)*

Me Verdalle, avocat de Maurice Roux, le défend ainsi :

S'il est consolant parfois de voir conduits aux pieds de la justice des misérables qui, ouvertement, publiquement, ont méprisé et violé les lois et dont la liberté constitue pour la société un véritable péril, — n'est-il pas triste, bien triste de penser que parfois aussi sur des hommes qui jamais n'ont failli à leurs devoirs on fait peser de lourdes, de terribles accusations, qui n'ont d'autre base que sur des présomptions sans valeur !

Cette réflexion, c'est avec un sentiment de douleur profonde que tous, ici, nous l'avons faite, n'est-ce pas ? Et ne nous est-elle pas trop naturellement inspirée par les débats auxquels il nous a été donné d'assister ?

Parlant du procès qui devait se dérouler aujourd'hui devant le Conseil, un journal bien connu de notre ville, disait il y a quelques jours : Cette affaire sera sans doute intéressante, car les débats provoqueront de piquantes révélations.

Intéressante , oui ; cette affaire l'est au plus haut degré par les bien vives sympathies que fait naître la situation de deux innocents dont on voudrait faire deux coupables ! Mais... pour des révélations piquantes, n'en attendez pas ! Tout est, tout doit demeurer mystérieux dans ce procès... Une seule révélation jaillira des débats : la légèreté de l'accusation, et, cette révélation-là, elle n'est rien moins que déplorable, à tous les points de vue.

Vous venez d'entendre, Messieurs, la défense si remarquable qui vient de vous être présentée dans l'intérêt de M. le commandant Rey de Bellonnet ? Cette défense est complète, aucun fait n'a été omis, aucun détail négligé, et la similitude qui existe entre les deux accusations sur lesquelles vous aurez à vous prononcer dans quelques instants, me permettrait peut-être de ne rien ajouter à une plaidoirie dont les deux prévenus doivent également bénéficier.

Cependant, je ne puis ni ne dois laisser se terminer ces débats, sans dire quelques mots en faveur de cette victime de je ne sais quelle malheureuse fatalité, qui s'appelle Maurice Roux. En élevant la voix pour ce brave soldat injustement accusé de lâcheté, pour cet honnête homme injustement accusé de vol, je n'userai pas seulement de mon droit, je remplirai mon devoir, et, de toutes les satisfactions morales qu'il me soit permis de goûter, je m'en procurerai ainsi une des plus légitimes peut-être et des plus douces.

Ainsi, Messieurs, c'est sous les inculpations les plus graves et de désertion et de vol que sont traduits devant vous MM. Rey de Bellonnet et Maurice Roux.

Quelles preuves le ministère public vous a-t-il fournies de la culpabilité de ceux qu'il poursuit, de la culpabilité de Roux spécialement ? — Je n'hésite point à l'affirmer : Il ne vous en a donné aucune.

L'instruction a été longue, minutieuse, faite avec un soin tout particulier, avec une habileté même qui ne peut échapper à personne. Pour arriver à la découverte d'une vérité, qui se dérobait à l'examen le plus attentif, on s'est servi de tous les moyens.

On a écrit beaucoup au loin, on a demandé partout des renseignements; on a interrogé; on s'est épuisé en recherches de toute nature... Et vous savez, Messieurs, à quel genre de certitude on est enfin parvenu !... L'impression de M. le Capitaine Rapporteur se trouve reproduite à dessein très-certainement, les sentiments bien connus de loyauté et d'équité de cet honorable magistrat m'autorisent à l'affirmer, dans le rapport qu'il a dressé au sujet de cette affaire, rapport à la fin duquel il en est réduit, vous vous le rappelez, Messieurs, à souhaiter ardemment qu'une lumière éclatante vienne dissiper les doutes qui ont envahi sa conscience et qui l'empêchent de se prononcer !

Des témoins, des témoins nombreux ont été entendus. Qu'est-il résulté de leurs dépositions ? Sont-ils venus apporter quelques éléments de certitude ? — Et seulement estiment-ils les prévenus capables d'avoir commis les crimes dont on les accuse ?

Ce qu'ont dit ces divers témoins, vous vous le rappelez sans doute. Quant aux faits de désertion et de vol, quant aux faits en eux-mêmes, ces témoins ne savent rien, ils ne peuvent rien savoir. Quant à la possibilité d'une intention coupable chez M. Rey de Bellonnet ou chez Maurice Roux, — le plus grand nombre affirme avec énergie que cette possibilité, pour eux, ne saurait exister. — Ils vous disent : Ce que nous connaissons de la vie et du caractère des accusés nous fait repousser avec indignation les calomnies odieuses, dont ils ont été l'objet. Quelques-uns enfin, qui se sont trouvés plus souvent et plus directement en relations soit avec M. Rey de Bellonnet, soit avec Roux, — et ceux-là ne sont pas les moins honorables, — rendent hommage à la bravoure, au désintéressement et à la loyauté de l'un, — et aussi au courage, à la franchise et à la fidélité de l'autre.

Puis, une déposition a été entendue, à laquelle vous devez attacher une grande, une immense importance : c'est celle du co-accusé de M. Rey de Bellonnet. Cette déposition n'est-elle pas tout entière favorable à Maurice Roux ? Et on ne saurait en soupçonner l'impartialité, car nous savons tous qu'elle n'est que la reproduction exacte d'une autre déposition faite par M. Rey de Bellonnet devant M. le Capitaine-Rapporteur, lorsqu'il est venu donner à ce magistrat des renseignements sur le compte de Maurice Roux, lequel était seul poursuivi à cette époque. M. Rey de Bellonnet jouissait alors de sa liberté, sans se douter que, dans quelques instants, cette liberté allait lui être ravie !

Hé bien ! qu'a dit l'honorable commandant ? Je résume sa déposition, qui doit être présente à vos souvenirs. — Au Mans, il avait donné à Maurice Roux l'ordre de revenir à Bordeaux et d'y conduire la charrette chargée d'effets de toutes sortes dont il avait depuis quelque temps la direction ; puis il lui avait tracé un itinéraire auquel il devait se conformer exactement ; il l'avait en outre prévenu qu'à Angers, à Niort ou à Cognac, il trouverait très probablement une dépêche par lui adressée de Bordeaux, poste restante. — Et Roux a obéi à celui qu'il devait considérer alors, ainsi qu'il l'avait toujours fait, comme son supérieur, comme son chef, et il est arrivé avec ses bagages et en passant par les lieux indiqués, à la ville où l'attendait celui qui lui avait ordonné de s'y rendre. — Du reste, a ajouté M. Rey de Bellonnet, Maurice Roux est un honnête homme, un brave soldat, une nature droite et franche. Sa fidélité et son courage sont à toute épreuve. Non seulement, il n'a point déserté, puisqu'en s'éloignant des contrées occupées par l'ennemi, il n'a fait que se soumettre à mes injonctions et en définitive allait par Bordeaux rejoindre notre corps qui allait être reformé ; et, quant au vol dont on l'accuse, ce vol n'existe pas. Maurice Roux n'a rien soustrait à qui que ce soit, il en est incapable, et les objets qu'il rapportait, et le cheval et la charrette qu'il ramenaient, c'est sur mes ordres, en mon nom et pour mon compte qu'il s'en était chargé, je le répète.

Enfin, Messieurs, Roux lui-même a parlé. C'est avec une franchise qui a dû vous frapper, avec une énergie que son innocence explique aisément, qu'il vous a raconté tout ce qui lui était arrivé depuis son départ du Mans. Sa déposition est conforme en tous points à celle de son commandant. J'étais chargé, vous a-t-il dit de transporter sur un ordre formel, et en suivant un itinéraire que

M. Rey de Bellonnet m'avait donné, et je conduisais à Bordeaux, où mon commandant espérait pouvoir obtenir l'autorisation de reconstituer ses compagnies de francs-tireurs décimées au Mans, des effets nombreux, et de toutes sortes, ayant appartenu aux divers membres de mon bataillon. Ces effets qui m'avaient été remis, soit par des officiers, soit par des soldats malades ou fatigués, se trouvaient placés sur une charrette qui, ainsi que le cheval qui la traînait, avait été requisitionnés par mon commandant pour les besoins de la guerre, bien avant que la direction ne m'en eût été confiée. J'arrive à Niort, là, je trouve, poste restante, une lettre de mon commandant, lettre que j'attendais; car, quand nous nous étions quittés, le commandant m'avait dit :

Je vous écrirai soit à Angers, soit à Niort, soit à Cognac. Il me disait dans cette lettre qu'il avait hâte de me revoir et que tout allait bien. Sans doute, ses démarches auprès du ministre de la guerre avaient réussi. Je poursuis ma route, et, au moment où j'entrais dans la ville de Barbezieux, je suis arrêté par des gendarmes et mis en prison. Je demande en vertu de quoi et pour quels motifs cette arrestation. Pas de réponse. Deux jours s'écoulent et me voilà en liberté. Durant mon incarcération, on avait visité les effets que je transportais et tout sur ma charrette était sans dessus dessous. Sachant que mon commandant m'attendait avec impatience, je repars au plus vite. A peine, ai-je parcouru quelques kilomètres, que, d'autres gendarmes envoyés de Barbezieux à ma poursuite, m'arrêtent une seconde fois et me ramènent à la ville. Sans plus d'explication que la première fois, on me conduit en prison , puis on me fait conduire à Bordeaux sous bonne escorte.

Pendant ce temps, les débris de mon bataillon avaient regagné Montpellier par diverses voies ; mon commandant lui-même avait quitté Bordeaux et devait s'être rendu à Montpellier.

Après plusieurs jours de cachot, on me mène devant M. le Capitaine-Rapporteur qui m'apprend que je suis poursuivi: 1° pour avoir fui devant l'ennemi; 2° et pour avoir formé avec mon commandant , M. Rey de Bellonnet, le projet coupable de vendre à profit commun- la charrette et le cheval que j'avais ramenés à Bordeaux, ainsi que les objets placés sur cette charrette, toutes choses qui avaient été évidemment volées par moi. Et M. le Capitaine-Rapporteur ajoute : Comme à Barbezieux, l'autorité a eu le soin de faire procéder à un inventaire de tous les objets par vous rapportés, et comme dans un des sacs, on a trouvé un cachet qui a été dérobé dans le château de La Hallière où vous avez demeuré pendant quelques temps, vous êtes aussi accusé du vol de ce cachet. J'ai protesté de toutes mes forces. J'ai répondu : quant à la désertion, vous voulez rire sans doute. Vous devez savoir que, sur l'ordre de mon chef, je rejoignais mon corps qui allait se reformer et je ne fuyais point. Quant au vol de la charrette, du cheval et des effets qui se trouvaient sur cette charrette, ces choses-là ne m'appartenaient point et je n'avais certes pas l'intention de me les approprier. Mon commandant m'avait dit de les conduire à Bordeaux ; je me suis conformé à sa volonté. C'est à lui que tous cela était destiné. Enfin, quant au vol du cachet, je ne puis dire qu'une chose, c'est que j'en suis absolument innocent. J'ignorais quels bagages avaient été placés sur ma charrette. Ce que je savais, c'est qu'ils appartenaient à nos francs-tireurs. Je n'avais aucune méfiance et n'ai jamais eu la pensée de vérifier le contenu des sacs qui m'étaient confiés. On a trouvé un objet volé dans un des sacs : il est possible, mais je ne suis pas responsable du vol de cet objet. Si à Barbezieux on avait procédé à l'inventaire de tous ces effets en ma présence, peut-être aurai-je pu, à l'examen des sacs, reconnaître le propriétaire de celui dans lequel le cachet a été trouvé ; car je savais le nom de quelques-uns des camarades à qui les sacs appartenaient.

Mais on a jugé convenable de ne pas m'appeler à cet inventaire ; on a tout bouleversé, mis dans un sac les choses qui étaient dans un autre, de manière à ce qu'il ne me fût plus possible de reconnaître quoique ce fût au milieu d'un tel désordre. On m'a ainsi enlevé jusqu'au moyen unique dont je pouvais me servir pour prouver, pour établir mon innocence. Je ne puis plus désigner le voleur, ce qui m'eût été peut-être facile en examinant avec attention celui des sacs dans lequel ou a trouvé le cachet. Quoiqu'il en soit, je répète que je ne saurais être justement déclaré responsable du vol de cet objet. Vos accusations sont aussi insensées que coupables. Je les repousse avec indignation et mépris : je suis un brave soldat, entendez-le bien, et non un lâche. Je suis un honnête homme, et non un voleur.

Et Maurice Roux a eu beau protester ainsi, Messieurs, on n'a rien écouté. La faiblesse, l'impuissance d'une poursuite dans de semblables conditions, étaient manifestes ! Et cependant, la poursuite a été continuée, et Roux est à vos pieds, comme s'il avait commis un crime !

Et il ne faut pas vous dire, Monsieur le Commissaire du gouvernement, que vous ne prêtez pas à M. Rey de Bellonnet et à Maurice Roux l'intention de tirer profit de tous ces effets, ainsi que de la charrette et du cheval, vous ne pouvez leur prêter que cette intention-là, en les accusant de les avoir volés. — Ou bien, vous êtes persuadé, comme le sont les défenseurs, et comme le veulent la raison et le bon sens, que M. Rey de Bellonnet venait à Bordeaux pour obtenir l'autorisation de réorganiser ses francs-tireurs et non pour fuir devant l'ennemi, et que Roux, instruit de ce projet, croyait que tous les objets, qu'il avait reçu l'ordre de transporter à Bordeaux devaient servir à cette réorganisation et être restitués à la plupart de ceux à qui ils avaient appartenu, — ou bien, vous pensez que M. Rey de Bellonnet et Roux voulaient, tout en désertant, s'approprier cette charrette, ce cheval et ces effets, pour les vendre et partager le prix de la vente. — Ils ne pouvaient en faire que l'un ou l'autre de ces deux usages. Vous êtes obligé d'admettre l'une ou l'autre de ces deux suppositions. Si comme vous l'avez proclamé hier hautement ici, vous ne prêtez pas aux deux accusés l'idée absurde et ridicule qui consistait à faire parcourir plusieurs centaines de kilomètres à quelques misérables objets, dont ils vous indiquent du reste tous deux et l'origine et la destination, pour pouvoir en opérer la vente et prendre chacun la moitié de ce riche butin, — ce que je comprends aisément, — vous êtes forcé d'avouer que vous ne pouvez expli-

quer les faits autrement que nous ne l'avons fait nous-mêmes.
Vous êtes forcé d'avouer qu'il n'a pas existé l'ombre d'une intention coupable chez ceux que vous poursuivez pour vol, et votre
accusation alors, que devient-elle, je vous le demande !

Eh ! quoi ! Messieurs, sur le compte de ces deux hommes dont
le passé est pur de toute tâche, dont l'honorabilité est incontestable et affirmée par tous, il subsisterait seulement un soupçon !

Non ! Messieurs, cela est impossible. Vous reconnaitrez que
c'est injustement qu'on a pu appliquer un seul instant à M. Rey de
Bellonnet et aussi à Maurice Roux les épithètes cruelles de lâches
et de déserteurs, de voleurs et de pillards !

Lâches et déserteurs ! Ces deux braves qui, au moment où la
France en détresse réclamait le concours de toutes les forces et de
toutes les intelligences ont quitté leurs foyers et leurs familles, où
leur âge et leur état de santé les autorisaient à demeurer, pour
aller mettre leurs bras au service de la patrie; qui après avoir eu
le bonheur d'échapper à la mort qu'ils avaient vue en face si souvent, s'en venaient, douloureusement affectés de la perte du plus
grand nombre de leurs camarades, l'un dans l'espoir de reconstituer le corps dont il avait eu le commandement, l'autre pour
obéir à des ordres formels et sacrés pour lui, tous deux enfin, avec
la pensée que, sous peu, il leur serait donné de faire encore le sa-
crifice de leur vie, de servir encore la sainte cause à laquelle ils
s'étaient noblement dévoués !

Voleurs et pillards ! Ces deux hommes au désintéressement
desquels, à la loyauté desquels, à l'honnêteté desquels tant de
témoins sont venus ici, en présence de la justice, rendre un public
et solennel hommage !

Je m'arrête, Messieurs; j'ai dépassé les limites que je m'étais
tracées en commençant. Vous m'excuserez, je l'espère, en raison
de l'intérêt bien naturel que m'inspire le situation vraiment malheureuse de ces deux accusés.

Je termine, en faisant appel à vos consciences. Roux est privé
de sa liberté, depuis tantôt deux mois, et cela, sans avoir manqué
jamais à aucun de ses devoirs, soit de citoyen, soit de soldat. Son

innocence s'impose comme une vérité incontestable, indiscutable, évidente. Ce n'est pas de l'indulgence qu'il demande. Ce qu'il veut, ce qu'il lui faut, c'est une réparation et une réparation éclatante pour les iniquités, pour les infâmies dont on l'a accablé. Cette réparation nécessaire et qui ne saurait lui être refusée, il la trouvera dans la décision qu'il a le droit d'attendre de votre justice et par laquelle vous l'acquitterez de l'inimaginable prévention qu'on s'est plu à diriger contre lui avec un acharnement et une passion que je ne puis ni comprendre ni excuser.

Le Conseil rentre dans la chambre des délibérations. Il en sort demi-heure après.

Sur toutes les questions, les accusés sont acquittés à l'unanimité — excepté sur le point de savoir si, de Bellonnet avait le droit de porter le costume de chef de bataillon ; à cet égard, il a été relaxé par six voix contre une.

(Des applaudissements prolongés se font entendre dans l'auditoire.)